武術特輯
28

武式
太極拳精華

薛乃印/著

大展出版社有限公司

序　言

　　早在1324年太極拳祖師張三豐就創造了這一拳術，當時稱為十三式長拳。經過數百年在民間傳習，到了清朝末年已蔚然成風，並且形成了各種流派，相繼發展。有陳王庭創造的陳式太極拳，楊祿禪創造的楊式太極拳，武禹襄創造的武式太極拳，吳鑒泉創造的吳式太極拳，孫祿堂創造的孫式太極拳。還有鮮為人知的趙堡太極拳等等。

　　由於楊式太極拳創始人楊祿禪進京授拳，使得楊式太極拳首先在北京發展，宮庭內外，學習太極拳者眾多。分為府內太極拳，府外太極拳，幾次接受別家功夫挑戰，楊祿禪屢戰屢勝，使得太極功夫名聲大震。因此，楊式太極拳是最早在中國大陸得到普及的太極拳。

　　民國初年，陳式太極拳傳人陳發科，走出陳家溝到北京把古老的陳式拳又帶到京城，武式太極拳傳人郝為貞進北京，路遇孫祿堂授與武式拳，後定居上海使武式太極拳在上海得到廣泛的傳播。

　　爾後武式拳第二代傳人李亦畬家族卻在永年廣府鎮世代傳習。使這一真正練功夫太極拳沿續下來，直到1972年才把這一既有理論又講實戰的武式太極拳公眾於世。吸引著一大批專研太極拳真功夫武迷的青

眛。我就是其中的一位痴迷者，經過數年來嚴格的訓練，於1992接任武式太極拳的第六代傳人。

八年來，我擊敗了一個又一個中外的挑戰者，從學者達到兩萬餘人。

當今太極拳已經風靡於全世界，凡是有華人的國家就有太極拳。我走過十幾個國家，訪問了很多的教太極拳的教練，有的教練根本就不懂得太極拳的原理就去教學生，更有的人告訴我說：「您別見笑，我這是在騙外國人。還有一些外國人也在教太極拳，不管什麼的樣子都叫太極拳。」

有一次在美國洛杉磯參加一個太極世界日的籌備會，我的目的是想多認識幾個人，到地方後，孫把我的身份介紹給大家，我看在座的除了兩個美國人以外，對我好像不太歡迎的態度。有些國家的太極拳組織都是不歡迎真正的太極拳進入他們的圈子，這樣對他們所謂的太極拳會有所衝擊。

這個會是由一個韓國人抄辦。在我的右旁邊坐的是一位老先生，總是說他今年多大年齡，在他們眼裡，太極拳要以年齡論資排輩。太極拳講的是功夫，不是講年齡，年齡大不能說你就懂太極拳，要看實際的功夫才行。就這麼十幾個人就把他們的活動說成是世界太極日。我說叫美國太極日都有點不符實際，洛杉磯太極日才對。

美國是經濟強國但不是太極強國。就現在而言，美國的太極拳還處於剛起步的階段，很多地方還需要

去完善，去修正，在很多人的眼中還不懂什麼是太極拳，有些人自認為去了幾趟中國就學會了太極拳，其實不然。最重要的是，你有沒有得到真傳，你的老師他懂不懂太極拳，如果你的老師就是三腳貓的水平，你怎麼能學到真功夫呢。

看到美國洛杉磯太極拳阿里巴巴比陽春白雪更受歡迎的局面，看到洛杉磯一些嘴把式操持著太極拳的發展。真是讓人擔心。由於這些現象，更有必要多出一些好書來扭轉這種不正常的局面。

承蒙大展出版社支持出版，這本《武式太極拳精華》才得以問世。如果此書對太極拳愛好者能有點滴幫助的話，就是我最大的心願，是為序。

薛乃印2000年3月於美國洛杉磯

武式太極拳第一代～第六代直系傳人照片

創始人　武禹襄

第2代　李亦畬

第3代　李遜之

第4代　李錦藩

第5代　喬松茂

第6代　薛乃印

目　錄

一、武式太極拳的源流及特點

武式太極拳是由清代永年人武河清，在原趙堡太極拳的基礎上加以改創，由其外甥李亦畬進一步完善的。

武式太極拳始祖武河清，字禹襄（1812年～1880年），永年廣府城內東街人。長兄澄清、字秋瀛，任官於河南舞陽縣知縣。次兄汝清、字酌堂，清刑部員外郎。兄弟三人自幼從父習洪拳，家頗富有，並於永年廣府城內東、西兩街各開茶莊一處，後將兩茶莊合併，騰出西街市房租給河南溫縣陳家溝陳姓經售藥材，店名太和堂。

禹襄和其兄見其店伙計均習太極拳，輕靈巧妙與己所習迥然不同，遂以客東之誼求授。雖習數年，而奧妙終難曉悟。素聞河南趙堡鎮陳師清萍拳藝精湛，禹襄乃於赴兄任所之便訪而從學。正值陳師有售出土地未撥丁名之憂和受人誣告入獄殺身之難，禹襄通過在舞陽當知縣的兄長武秋瀛，代為奔走而解之。陳師甚感其恩，隨傾心授藝相報，體示口解，備極詳盡。

陳師所授拳技與禹襄從太和堂學得的拳架大不相同，禹襄邊學邊練，並將所學拳理、拳訣作出札記，晝夜研習，四十餘日，悉得其髓，理法盡知。復將陳師所贈的王宗岳《太極拳論》、《太極拳勢概要圖》、《拳論》一併抄繪攜歸。與其甥李亦畬、李啓軒一同研習，兩年後技藝驟進，理法大明，竅要盡能施於身。因之將前作之札記，參以後來閱讀《拳論》、練功方面的發悟，衍寫出《拳解四則》、《十三

勢行功歌解》、《身法十條》、《打手撒放》、《四字密訣》等著作。

至此漸感原學拳架須以改造，乃商同二甥訂出旨要，嚴守身法，力求明顯的體現拳理、深蘊拳技竅要，學者易學而獲強身之益，且免濫用於擊技之害。歷時三載方成今貌。

武式太極拳整個套路共85式，拳式小巧緊湊，身法緊嚴無隙，掤捋擠按採挒肘靠貫穿於各勢之中，機宜盡蘊於內，進退顧盼定隨勢而生，體態端莊，氣勢鼓蕩，恬靜安舒，精神內涵。特別強調「一動無有不動，一靜無有不靜」；立身要求「中正不偏、八面支撐」；行功要「靜若山岳、動若江河；邁步如臨淵，運勁如抽絲，蓄勁如張弓，發勁如解箭；形如搏兔之鵠，神如捕鼠之貓」。打手重接勁打勁，不重招數外形，其形式傳統的只有三步半活步推手一種。

武式太極拳的內固精神、外示安逸、一氣鼓鑄、練氣歸神、氣勢騰挪、精神貫注、剛柔相濟、開合有致、虛實清楚的特點和風格，勢勢皆為解說太極拳理、拳法的絕好範例。故李亦畬在太極拳譜序中說「……後人參以鄙見，反覆說來，惟恐講之不明，言之不盡，然非口授入門，雖終日誦之，不能多有裨益也」。跋中又云：「……切勿輕以予人，非私也，知音者少，可予者，其人更不多也，慎之、慎之」。

竅要隱密不經口授身演人盡難知，樸實無華似幹枝老梅，緊嚴縝密如天衣無縫，且深合養生之要義。因而外形易學而得之延年益壽，真諦不經指點終難用於擊技。

武式太極拳的完善者李經綸，字亦畬（1832年～1892年），清舉人，河北永年望族。22歲時隨母舅武禹襄學習研究太極拳，身體力行數十年，終身致力於太極拳研究，對武

式太極拳的形成、完善和提高做出了巨大貢獻。

著作有《五字訣》、《撒放密訣》、《太極拳小序》、《走架打手行工要言》等等。又將王宗岳《太極拳論》和武師太極拳論文益爲己作，手抄三本，一自存，一交弟啓軒，一交徒弟爲貞，在永年稱爲「老三本」。該拳論皆根據其切身體會，簡練精要，無一浮詞，爲近代習太極拳者奉爲經典。

武式太極拳不同於趙堡太極拳，也不同於陳式太極拳。它科學地集拳術、力學、導引、傳統哲學爲一體，而自成一家。堅持習練傳統武式太極拳可起到袪病延年，陶冶情操之奇特功效，因而在海內外享有盛譽。許多國家成立了專門機構，組織對其功理、功法進行探索和研究。

二、武式太極拳七要論

第一要論：心靜

心不靜則體不鬆，體不鬆則形不正，形不正則氣不斂，氣不斂則身不捷，身不捷則勁不合，勁不合而神難聚。以上道出了練習太極拳心靜的重要性。

要達到心靜這一標準，首先是要心誠，心不誠是很難靜下心來的，只有心誠，誠心誠意去練拳，別無二心的去練拳，才會排除雜念，達到心靜的標準。到了這個時候你練起拳來進步才快，自然而然的溶入大自然之中，內外合一，天人合一，達到無極的狀態。

心靜對初學者是不易做到的，初學者練習太極拳應該先去想每個動作的準確性、協調性。然後去想太極的基本要領。一個要領一個要領分開去遵循，這個要領準確了，不用再去想它了，只要一練拳，就會自然的去按標準的要求去做。這樣太極拳的基本要領都逐漸掌握了，練起拳來才會專一，心也就能夠完全的平靜下來。

心靜下來在與人推手時，才會沾粘連隨、不丟不頂，隨著對方的勁而動。通過皮膚的接觸，聽好勁；對方不發勁，我不發勁，對方要發勁時，我的勁就發在對方勁的前面，達到知己知彼的上乘功夫。

這樣在完全心靜的狀態下，走架時嫻熟流暢，如行雲流水，完全沈靜於大自然之中，這時才會真正享受到太極拳的

美。在推手時，才會在條件的反射下，自然而然達到借助對方的力勁而發放於對方。

第二要論：體鬆

體鬆是在心靜的前提去求體鬆，體鬆和心靜關係極爲密切，心不靜做到體鬆是不可能的。肢體不放鬆也會影響到心靜，有時你認爲身體放鬆開了，鬆下來了，其實還沒有達到要求，只是你自我感覺罷了。

只有身體從五臟六腑到筋膜骨骼，從經絡血脈到肌肉皮膚都得到放鬆，才是眞正的體鬆。

體鬆首先是身體各個關節的鬆開，從頭到腳節節放鬆，特別是肩和胯的關節尤爲重要，它是連接上肢與下肢的樞紐，上肢的肘關節、腕關節、指關節，下肢的膝關節、踝關節、趾關節。骨骼的關節鬆開了，身體才會輕靈圓活沈穩中正，推起手來才會得心應手。

外形放鬆了就是五臟六腑的放鬆，它更需要達到心靜的狀態，再配合內動抽絲勁來使內臟完全的鬆下來。只有從外到內的放鬆下來了，才會體會出柔的功夫，使有心求柔，無意成剛，達到柔中寓剛、棉裡藏針的太極功夫來。

第三要論：形正

形正就是在走架時外形動作的準確性。要求每個動作在心靜、體鬆的基礎上認眞的去做。出腿邁步的方向、手放的位置，要準確無誤。立身保持中正，不可左右歪斜、前俯後仰、聳肩扭胯、臀部外突等錯誤的造型。只有外形動作準確了，內氣才順，才能氣斂入骨。

形正首先是在步法上要標準，上步、退步、墊步、點

步、虛步、弓步、馬步、跳步、跟步、寸步等等。按照每種
步法的要求去做，在手法上，上三手、下三手、雲手、分
掌、俯掌、仰掌、立掌、旋掌要清清楚楚，不可陰陽不分，
虛實不清。從身法看，以腰爲軸帶動四肢，以內動帶動外
動；左旋、右旋、上旋、下旋都要在立身中正的前提下進
行，做到兩臂似弓如月圓，手腕下坐上面圓，兩腿屈膝身後
圓。頭要虛領頂勁，體態端莊，做到在拳架中的形正。這樣
推手時才會保持重心的穩定性。

第四要論：氣斂

太極拳屬內家拳術，就是以內功的修練爲主的拳術。太
極拳的氣講究自然而然形成的太極拳混元氣。所謂氣，它不
僅僅是神經傳導的興奮波，而且也有肌肉筋骨的收縮產生的
能量。

太極拳的功夫也包括著練氣，達到練氣的階段是太極拳
的中級階段，在舌頂上顎，自然而然的逆式呼吸法的練習過
程中，吸爲合爲蓄，呼爲開爲發，吸能自然提得起，呼能自
然沈得下。練氣歸神，練神還虛，由腰行於脊骨，佈於兩
膊，施於梢節，只有氣斂入骨，運動起來才會勁整。

氣斂是太極拳的內部功夫。氣斂入骨會感到渾身的輕
鬆，在心靜、體鬆、形正的前提下比較容易進入氣斂入骨。
氣斂入骨走起拳來，式正招圓、合順自然，虛實開合并然有
序，氣沈丹田乃至湧泉穴。以心行氣，務令沈著，乃能收斂
入骨。

氣斂由上而下行走是蓄勁，由下而上是發勁，蓄多發
少，積集於體內。在遇到外界衝擊我身體時，這股氣體產生
巨大的內勁，就會如子彈一樣旋轉的發放於目標。

第五要論：身捷

身捷即是身體轉換靈活、迅速。身捷是在心靜、體鬆、形正、氣斂勁合的前提下達到的一個階段。

上述要論做好了，身體自然敏捷靈活，重要的是以腰中心為樞紐，無論演練套路時，還是在與人推手時，身體要保持敏捷、靈活，舉手投足不可有呆像。與人交手，周身俱要靈活，在推手時，「掣起彼身借彼力」要有個「靈」字。身靈則防止敵人進攻有規律，在你我接觸中，一旦沾我皮毛，我之意已入彼骨，捨己從人；從人則身捷，周身相隨，前進、後退、左顧、右盼、中定身法靈活，掤、攦、擠、按、採、挒、肘、靠運用自如，內動抽絲勁旋轉運動順暢，這樣才能使功夫再上一個台階。

第六要論：勁合

太極拳講究內勁，就是由氣產生的勁，拳諺講：「意到則氣到，氣到則勁到」。那什麼是勁合呢？就是把內外的能量聚集在一起或同一個地方。在練習拳架時比如摟膝拗步一式，推掌、坐腕、蹬腿、摟膝從外形上看，要同時完成，把它們合為一體，手腳相隨，勁合一處。在實戰推手中也是一樣。「手到腳不到，等於瞎胡鬧。」只有手腳齊到，內勁合為一體，才會發出它最大的威力來。

勁合還包括著心與意合，勁與氣合，筋與骨合，內三合；手與足合，肘與膝合，肩與胯合，外三合。勁合是練好太極拳的關鍵一步，也是提高太極拳技藝水平的重要一環。勁產生於足跟，行於腰腿，發於腰脊，形於梢節。在與對方交手時，待對方之勁將發未發，或勁發出回收之時，就抓住

這個機勢，如皮燃火，如泉湧出，順著對方的勁路，加以借敵之勁，以小勁破大力。

第七要論：神聚

神聚是太極拳的上層功夫，太極拳分別為練形、練氣、練神。練形就是練習拳架的形體動作。練氣是練習內功的修行，最後是練氣歸神，練神還虛的階段。能達到練神的階段，說明你的太極拳達到一個高的層次，古時有人把太極拳稱為神拳，即練神的拳。

神聚的要求，練拳時，眼要平視遠方，這樣拳練起來才能體現出神韻來。要有一股氣勢，氣勢騰挪，氣勢鼓蕩，練起拳來就有壓倒對手之感覺。又好似一個氣球連貫的動蕩，隨心所欲，達到神聚何處何處開，敷、蓋、對、吞盡施於身。

太極拳是內家拳，是練形、練氣、練神的拳。從練形上講要體會出動作準確、連貫協調、鬆肩沈肘、舒鬆均勻。從練氣上來講，氣沈丹田、氣斂入骨、剛柔相濟、氣遍周身、以意導氣、以氣運身。從練神上來講，神宜內斂、練氣歸神、神氣鼓蕩、養氣蓄神。按上述所做，一日練一日精，從而達到太極拳登峰造極的殿堂。

三、武式太極拳對身體各部位的要求

1.頭：

頭要正。

頭為身體之首，要中正豎直，不左歪右斜。頭頂百會穴始終保持「虛領頂勁」。

2.眼：

眼要明。

眼要平視，演練套路時要平視遠方，推手時要視敵人雙眼。眼要有神不可閉眼，不能瞪眼，不能呆滯。

3.舌：

舌要頂。

舌為連接任督二脈之橋梁。舌輕上頂可以使任脈和督脈連通，氣血暢通，舌頂還可以輔助骨梢的合攏，使大小周天運行合順。助全身整勁的發出。

4.面：

面要自然。

面部要自然放鬆，口要合攏，鼻呼鼻吸。肌肉不可緊張，喜、怒不可表現出來。表情自然放鬆。

5. 頸：

頸要鬆。

頸爲頭與軀連接之處，不可僵硬，始終保持頸部的靈活性。正確支配頭的左右轉動。頸部要豎直，頸直頭才正。

6. 胸：

胸要暢。

胸部自然放鬆，不挺胸；不凹胸。胸暢才能使呼吸順呼自然順達，氣斂入骨。加強心肺的功能。

7. 腰：

腰要轉。

腰是身體的中心。處處要以腰爲軸，左右旋轉全在腰中。一舉手一投足都要處處留心腰的轉動。以腰帶動四肢。

8. 背：

背要拔。

背爲發勁的重要部位。背拔才能氣斂入骨，發於四梢。背部肌肉要鬆，不可緊張。骨節要自然拉開。

9. 腹：

腹要實。

腹爲聚氣之處。腹部要飽滿充實，空胸實腹。丹田之氣不停的運轉，傳送到身體的各個部位。

10.臀：

臀要收。

臀爲軀幹之底部。臀部要自然收斂，不可突臀或左右歪斜。臀部外突容易造成軀幹不正，影響氣血流通。

11.肩：

肩要沈。

肩關節爲軀幹與上肢的連接處。是重要的關節之一，肩要沈，才能靈活，肩鬆，沈氣血暢通到手臂。不可聳肩，不可外張，要保它的靈活性，使上肢能夠運轉靈活。

12.肘：

肘要垂。

肘關節連接著上臂和小臂。垂肘可以保護肋部，不容易受制於對方。肘不可外展，肘外展氣則亂，勁則散。沈肩垂肘也要互相連帶。

13.腕：

腕要坐。

腕關節是與小臂的連接處。坐腕推掌才能勁貫掌心，丹田之氣也會運到掌心。腕部不可僵硬，僵硬則氣血不通。

14.指：

指要舒。

掌指要舒適撐開。指尖要有上頂之意。掌指撐開，才能氣達掌指。握拳時不可過緊，過緊則氣滯。

15.胯：

胯要活。

胯是連接下肢部位的關節處。胯要活，要開。胯活腰才旋轉自如，腰和胯是相輔相成的。胯活，折疊轉換才協調。提高胯關節的靈活性和柔韌性是很重要的。

16.膝：

膝要屈。

膝關節是大腿和小腿的連接處，在演練中大部分都是在屈膝中進行的，它支撐著全身的重量。屈膝要穩，要有內扣之意。

17.踝：

踝要靈。

踝關節為小腿與足的連接處。在演練中踝關節要靈，擺步、扣步、上翹、下搵要自然靈活。

18.腳：

腳要穩。

腳為支撐全身重量之根基。腳穩，才能使身體中正。腳趾要抓地。要借好大地之勁。腳是借大地勁的起源之處。如樹之根。

四、武式太極拳五十四式動作名稱

第一段

〈第一節〉

第一式　起式

第二式　左懶扎衣

〈第二節〉

第三式　右懶扎衣

第四式　左單鞭

〈第三節〉

第五式　提手上勢

第六式　白鵝亮翅

〈第四節〉

第七式　摟膝拗步

第八式　手揮琵琶

第九式　摟膝拗步

〈第五節〉

第十式　斜抹眉

第十一式　翻江倒海

〈第六節〉

第十二式　靑龍返首

第十三式　雙推掌

第十四式　獅子回頭

〈第七節〉

第十五式　下式

第十六式　騎馬勒聽

〈第八節〉

第十七式　鑽心捶

第十八式　野馬分鬃

第十九式　海底針

第二段

〈第九節〉

第二十式　沖天炮

第二十一式　劈華山

〈第十節〉

第二十二式　獅子回頭

第二十三式　下式

第二十四式　斜栽捶

〈第十一節〉

第二十五式　上步搬攔捶

第二十六式　六封四閉

〈第十二節〉

第二十七式　靑龍出水

第二十八式　左單鞭

第三段

〈第十三節〉

第二十九式　左雲手

第三十式　更雞獨立

〈第十四節〉

第三十一式　肘底看捶

第三十二式　倒攆猴

〈第十五節〉

第三十三式　左、右起腳

第三十四式　轉身栽捶

〈第十六節〉

第三十五式　翻身拍腳

第三十六式　披身伏虎

第三十七式　右單鞭

第四段

〈第十七節〉

第三十八式　右雲手

第三十九式　按式

〈第十八節〉

第四十式　海底翻花

第四十一式　閃通臂

〈第十九節〉

第四十二式　雙換掌

第四十三式　右單鞭

〈第二十節〉

第四十四式　玉女穿梭

〈第二十一節〉

第四十五式　轉身指襠捶

〈第二十二節〉

第四十六式　斜飛式

第四十七式　轉身下式

第四十八式　上步七星

〈第二十三節〉

第四十九式　退步跨虎

第五十式　擺蓮腳

第五十一式　彎弓射虎

〈第二十四節〉

第五十二式　雙抱捶

第五十三式　左懶扎衣

第五十四式　收式

五、武式太極拳五十四式動作圖解

第一段
第一節　1.起式　2.左懶扎衣

第一式　起式

　　①兩腿自然立，，兩腳併攏，腳尖朝前。兩臂自然下垂，肘微屈，兩手掌心朝內輕貼大腿兩側，指尖朝下。面向正南方向。眼平視前方。（圖1-1）

　　②兩腿屈膝。重心右移，左腳提起向左橫跨出步。腳尖朝前。兩腳內側距離與肩同寬。然後兩腿直立。兩手臂向前平舉。掌心相對，與肩同寬，高與肩平。眼平視前方。（圖1-2）

　　③兩手翻掌成掌心朝下，兩手臂慢慢下落，置於體前

圖1-1

圖1-2

兩側。坐腕，掌心朝下，掌指
朝前。同時，兩腿隨重心下移
屈膝。眼平視前方。（圖1－
3）

圖 1 － 3

第二式　左懶扎衣

　①兩腳不動，身體微右轉
再左轉。重心微右移。兩腿屈
膝，右腿60％，左腿40％，重
心略偏於右腿。兩手臂由身體
左側上舉，掌心朝下，掌指朝左，臂呈弧形。眼平視左側前
方。（圖2－4）

　②兩腳不動，重心微左移，身體右轉。兩腿屈膝。左腿
60％，右腿40％，重心略偏於左腿。同時，兩手臂隨轉體向
右平移。置於身體右側。左手掌心朝下，掌指朝右。右手掌
心朝前偏下，掌指朝右偏前，臂呈弧形。眼平視右側前方。
（圖2－5）

圖 2 － 4

圖 2 － 5

③兩腳不動，重心微右移，身體左轉。兩腿屈膝。右腿60％，左腿40％，重心略偏於右腿。同時，兩手臂隨轉體向左平移，置於身體左側。掌心朝下，掌指朝左，臂呈弧形。眼平視前方。（圖2-6）

④重心左移，身體右轉。右腿以腳跟爲軸外擺，腳尖上翹。兩腿屈膝，左腿70％，右腿30％。重心偏於左腿。同時，兩手臂隨轉體向右平移。右掌在體前，掌心朝下，掌指朝左，臂呈弧形。左掌在身體左側，掌心朝上，掌指朝左。臂呈弧形。眼平視前方。（圖2-7）

圖2-6　　　　　　　　圖2-7

⑤重心右移，身體左轉再右轉，右腳腳尖落平踏實。重心移至右腿。左腳提起跟至右腳內側。腳尖著地，腳跟離地。兩腿屈膝。右腿90％，左腿10％，重心偏重右腿。同時，右手臂外旋再內旋，然後外旋向左下落，由右肘外側再劃弧上移至右上方，掌心朝左偏上，掌指朝上偏前45度，臂呈弧形。左手臂屈肘內旋收於體前，掌心朝內，掌指朝右，臂呈弧形。眼平視前方。（圖2-8）

⑥身體微右轉，左腳向體後45度東南方向撤步。重心微

左移。腳尖先著地，然後全腳落平踏實。右腿80％，左腿20％，重心偏於右腿。同時，右手臂微右上移。手型不變。左手自然微內旋下落，掌心朝內偏下，掌指朝右，臂呈弧形。眼平視右手方向。（圖2－9）

圖2－8　　　　　　　　圖2－9

　　⑦重心左移，身體左轉。右腳以腳跟為軸裡扣，左腳以腳跟為軸外擺。左腿屈膝，右腿伸直。左腿80％，右腿20％，重心偏於左腿。同時，右手臂微內旋隨轉體向左平移，掌心朝左偏上，掌指朝前偏上，臂呈弧形。左手自然下落，置於腹部左前方。掌心朝內，掌指朝右偏下45度，臂呈弧形。眼平視右手方向。（圖2－10）

　　⑧重心右移，身體微右軸。左腳腳尖上翹。右腿屈膝，左腿伸直，右腿90％，左腿10％，重心偏重於右腿。同

圖2－10

時，左手臂外旋屈肘上舉，掌
心朝右，掌指朝上偏前，臂呈
弧形。右手臂微內旋屈肘收
回，置於右胸前，掌心朝前偏
下45度，掌指朝上偏前45度，
臂呈弧形。眼平視左手方向。
（圖2－11）

圖 2 － 11

⑨重心左移，左腳腳尖落
平踏實，左腿屈膝，右腿蹬
直，左腿80％，右腿20％，重
心偏於左腿。同時，兩掌坐腕。手型不變。眼平視前方。
（圖2－12）

⑩重心移至左腿，右腳提起跟至左腳內側，腳尖著地，
腳跟離地。兩腿屈膝，左腿90％，右腿10％，重心偏重於左
腿。同時，右手臂微內旋隨跟步向前坐腕推出，掌心朝前偏
左，掌指朝上，臂呈弧形。左手臂微內旋，隨右腳跟步前
移，掌心朝前偏右，掌指朝上，臂呈弧形。眼平視前方。
（圖2－13）

圖 2 － 12

圖 2 － 13

第二節　3.右懶扎衣　4.左單鞭

第三式　右懶扎衣

　　①左腳以腳跟爲軸外擺，身體左轉。兩腿重心不變。同時，右手臂外旋向上左移，掌心朝左偏上，掌指朝上偏前，臂呈弧形，左手臂內旋下落，掌心朝內偏下，掌指朝下偏前，臂呈弧形。眼平視前方。（圖3-14）

　　②重心右移，身體右轉，兩腿屈膝，右腿60％，左腿40％，重心略偏於右腿。同時，左手臂內旋屈肘上移至右小臂外側，掌心朝下，掌指朝右，臂呈弧形。右手臂內旋自然屈肘回收下落，掌心朝內，掌指朝左偏上。臂呈弧形。眼平視左手方向。（圖3-15）

圖3-14　　　　　　　　　圖3-15

　　③重心左移，身體左轉，右腳提起向身後45度西南方向撤步，腳尖先著地，然後全腳落平踏實。左腿屈膝，右腿伸直，左腿80％，右腿20％，重心偏於左腿。同時，左手臂外旋劃弧向左上移，掌心朝上偏後，掌指朝前偏上，肘微屈。

右手臂內旋自然下落於腹前，掌心朝下，掌指朝左。臂呈弧形。眼平視左手方向。（圖3－16）

④重心右移，身體右轉。右腿屈膝，左腿伸直，右腿80％，左腿20％，重心偏於右腿。同時，左手臂隨轉體向右平移，掌心朝上偏後，掌指朝前偏上，肘微屈。右手臂隨轉體微下落，掌心朝下，掌指朝左偏下，臂呈弧形。眼平視左手方向。（圖3－17）

圖 3 － 16

圖 3 － 17

⑤重心左移，身體微左轉。左腿屈膝，右腿伸直，左腿90％，右腿10％，重心偏重於左腿。同時，右手臂外旋屈肘上舉，掌心朝左，掌指朝上，臂呈弧形。左手內旋屈肘回收於左胸前。掌心朝前偏下45度。掌指朝前偏上45度。臂呈弧形，眼平視右手方向。（圖3－18）

圖 3 － 18

⑥重心右移，右腳腳尖落平踏實，右腿小腿以地面垂直，右腿屈膝，左腿蹬直。右腿80％，左腿20％，重心偏於右腿。同時，兩掌坐腕，手型不變。眼平視前方。（圖3-19）

⑦重心移至右腿，左腳提起跟至右腳內側，腳尖著地，腳跟離地，兩腿屈膝，右腿90％，左腿10％，重心偏重於右腿。同時，左手臂內旋坐腕向前偏上前推，掌心朝前偏右，掌指朝上。右手臂隨跟步微內旋前移，掌心朝前偏左，掌指朝上，臂呈弧形。眼平視前方。（圖3-20）

圖 3 － 19　　　　　　　圖 3 － 20

第四式　左單鞭

①兩腳不動，身體右轉，左轉，再微右轉。同時，兩掌下落，手臂外旋向外再內旋向上劃弧置於身體右前方。右掌在上，左掌在下。掌心朝前偏下，掌指朝上偏前。臂呈弧形。眼平視前方。（圖4-21）

②重心移至右腿，身體左轉。左腳提起向右正東方向邁步。腳尖先著地，然後全腳落平踏實，重心左移，兩腿屈

膝，重心在兩腿中間。同時，兩手臂微內旋下落，右掌掌心朝左偏下，掌指朝右前方，臂呈弧形。左掌掌心朝下，掌指朝右前方，臂呈弧形。眼平視右前方。（圖4－22）

圖4－21　　　　　　　　　圖4－22

③重心左移，身體左轉。左腳以腳跟為軸微外擺，右腳以腳跟為軸裡扣。左腿屈膝，右腿微屈膝。左腿75％，右腿25％，重心偏於左腿。同時，兩掌下落外旋向左側上舉，左掌在上，右掌在下，手腕相交。左掌掌心朝右偏下，掌指朝上偏右，臂呈弧形。右掌掌下朝前偏下，掌指朝上偏前。臂呈弧形。眼平視左前方。（圖4－23）

④重心右移，身體右轉。右腿屈膝，左腿伸直。右腿80％，左腿20％，重心偏於右腿。同時，兩掌隨轉體移至身體右側，掌型不變。眼平視右前方。（圖4－24）

圖4－23

⑤重心左移，身體左轉，左腿屈膝，右腿蹬直，左腿
80％，右腿20％，重心偏於左腿。同時，左掌隨轉體微內旋
向左分出，掌指朝上，坐腕，臂呈弧形。右掌隨轉體微內旋
右移，掌指朝上偏後。臂呈弧形，眼向左前方45度平視。
（圖4－25）

圖 4 － 24   圖 4 － 25

第三節　5.提手上勢　6.白鵝亮翅

第五式　提手上勢

①重心右移，身體右轉。兩腿屈膝，右腿60％，左腿
40％，重心偏於右腿。同時，右手臂微外旋鬆腕，掌心朝右
偏前45度偏下，掌指朝上偏右，臂呈弧形。左手臂外旋微上
移，掌心朝左，掌指朝上，鬆腕臂呈弧形。眼平視右手方
向。（圖5－26）

②重心移至左腿，身體左轉。右腳提起跟至左腳內側，
腳前掌著地，腳跟微離地，兩腿屈膝，左腿85％，右腿

15％，重心偏於左腿。同時，右手臂外旋下落下按，掌心朝左偏下，掌指朝前，勁貫掌緣，臂呈弧形。左手臂內旋微上移，掌心朝內，掌指朝上，臂呈弧形。眼平視前方。（圖5－27）

圖 5 － 26

圖 5 － 27

第六式　白鵝亮翅

①重心移至左腿，右腳向後正西方向撤步。腳前掌著地，腳跟微離地，左腿屈膝，右腿伸直，重心偏於左腿。同時，右手臂微內旋上移，置於左小臂外側，掌心朝外，掌指朝左偏上，臂呈弧形。左手臂微外旋下落，置於右小臂內側，掌心朝內偏左，掌指朝上偏右，臂呈弧形。眼平視前方。（圖6－28）

②重心右移，再左移，身

圖 6 － 28

體右轉，面朝正西方向，右腳腳跟著地；再以腳跟為轉外擺，左腳以腳跟為軸裡扣，左腿屈膝，右腿伸直，左腿65％，右腿35％，重心偏於左腿。同時，右手臂微內旋上移，置於前額上方偏前，掌心朝前，掌指朝左，臂呈弧形。左手臂內旋下落，置於右腋下，掌心朝下，掌指朝右，屈肘，臂呈弧形。眼平視前方。（圖6－29）

　③重心右移，身體左轉。右腿屈膝，左腿伸直，右腿80％，左腿20％，重心偏於右腿。同時，右手臂內旋向右下落向前劃弧，掌心朝上，掌指朝前，肘微屈。左手臂由右腋下向左平移，掌心仍朝下，掌指朝前偏左45度，臂呈弧形。眼平視前方。（圖6－30）

圖 6 － 29

圖 6 － 30

　④重心左移，身體右轉。右腳腳尖上翹，左腿屈膝，右腿伸直，左腿65％，右腿35％，重心偏於左腿。同時，右手臂內旋略向左劃弧下落，置於腹部左前方，掌心朝內偏上，掌指朝下偏左，臂呈弧形。左手臂外旋向右前移，置於體前，掌心朝右，掌指朝前偏上45度，臂呈弧形。眼平視前方。（圖6－31）

⑤重心右移，身體微左轉。右腿屈膝，左腿伸直，右腿80％，左腿20％，重心偏於左腿。同時，右手臂外旋向右劃弧上移再內旋微下落，掌心朝下偏前，掌指朝上偏前45度，肘微屈。左手臂內旋微向右屈肘下落，置於體前，掌心朝下，掌指朝右偏前，臂呈弧形。眼平視前方。（圖6－32）

圖6－31　　　　　　　　　圖6－32

⑥重心左移，身體左轉。右腳以腳跟為軸裡扣，左腳以腳跟為軸微外擺。左腿屈膝，右腿微屈，左腿80％，右腿20％，重心偏於左腿。同時，右手臂微內旋自然下落，置於腹部右下方，掌心朝內偏左，掌指朝下偏左，肘微屈。左手臂微外旋上移，置於身體左前方，掌心朝下偏右，掌指朝前偏右，肘微屈。眼平視左手方向。（圖6－33）

⑦重心移至右腿，身體左轉，左腳提起略回收於右腳前方正東方向。腳尖著地，腳跟離地，兩腿屈膝，右腿70％，左腿30％，重心偏於右腿。同時，右手臂外旋成掌心向上前移，左手臂微內旋略下移，成兩掌掌心相對，然後再隨撤步向左、右分出，右手臂內旋微向上右移，與肩同高，掌心朝下，掌指朝前，臂呈弧形。左手臂微內旋向下左移，置於身

體左側前方。掌心朝下，掌指朝前，臂呈弧形。眼平視前
方。（圖6－34）

圖 6－33

圖 6－34

第四節　7.摟膝拗步　8.手揮琵琶
　　　　9.摟膝拗步

第七式　摟膝拗步

①重心左移，身體右轉。左腳腳跟落平踏實，左腿屈
膝，右腿微屈，左腿60％，右腿40％，重心偏於左腿。同
時，右手臂外旋使掌心朝左再內旋向右下移，置於身體右
側，掌心朝下，掌指朝前，臂呈弧形。左手臂外旋微左移，
置於身體左側，掌心朝上，掌指朝左前方偏上，臂呈弧形。
眼平視右手方向。（圖7－35）

②重心移至右腿，身體右轉，左腳提起，右腳內側偏
後，腳尖著地，腳跟離地，兩腿屈膝，右腿90％，左腿
10％，重心偏重於右腿。同時，右手臂外旋下落，左手臂

向右偏上平移，右掌在內外旋向上再內旋微下落，置於身體右側前上方，掌心朝前偏下，掌指朝上偏前，臂呈弧形。左掌在外外旋再內旋下落，置於身體右前方，掌心朝下偏右，掌指朝上偏前，臂呈弧形，右掌在前在上，左掌在下在後。眼平視前方。（圖7－36）

圖 7 － 35

圖 7 － 36

③重心移至右腿，左腳提起向後45度東北方向撤步，腳尖先著地，然後全腳落平踏實，右腿屈膝，左腿微屈，右腿80％，左腿20％，重心偏於右腿。同時，兩掌微內旋下落，勁貫掌心。右掌在前在上，左掌在下在後。手型、臂型不變。眼平視前方。（圖7－37）

④重心左移再右移，身體右轉。右腳以腳跟爲軸裡扣，左腳以腳跟爲軸外擺，腳尖上翹。右腿屈膝，左腿伸直，右

圖 7 － 37

腿90％，左腿10％，重心偏於右腿。同時，兩手臂外旋下落，隨轉體右手臂微內旋屈肘上移，置於右耳前側，掌心朝前偏下，掌指朝上偏前，臂呈弧形。左手臂內旋從左膝前劃一圓弧，置於身體左側左胯外側偏前，坐腕，掌心朝下，掌指朝前肘微屈。眼平視前方。（圖7－38）

　　⑤重心左移，身體微左轉擺正。左腳腳尖落平踏實，左腿屈膝，右腿蹬直，左腿80％，右腿20％，重心偏於左腿。同時，右手臂內旋由耳側向前坐腕推出，勁達掌緣，掌心朝前偏左，掌指朝上，臂呈弧形。左掌坐腕隨重心前移而動，手型不變。眼平視前方。（圖7－39）

圖 7 － 38　　　　　　　　圖 7 － 39

第八式　手揮琵琶

　　①重心移至左腿，右腳提起跟至左腳內側偏後，兩腿屈膝，左腿90％，右腿10％，重心偏重於左腿。同時，左手臂外旋上移，置於右掌下方，掌心朝右偏前，掌指朝上，臂呈弧形。右手臂微外旋，掌型不變。右掌在上，左掌在下。眼平視前方。（圖8－40）

②重心移至左腿，右腳提起向後，西南方向撤一大步，隨後重心移至右腿，左腳提起略回收小半步。腳尖著地，腳跟離地，兩腿屈膝，右腿70％，左腿30％，重心偏於右腿。同時，右手臂微外旋從左臂外側下落，掌心朝前偏左，掌指朝上偏前，臂呈弧形。左手臂微外旋從右臂內側上舉，掌心朝右，掌指朝上，臂呈弧形。眼平視前方。（圖8-41）

圖 8 - 40　　　　　　　　圖 8 - 41

第九式　摟膝拗步

①重心移至右腿，身體右轉。左腳提起向前45度東北方向出半步，腳跟著地，腳尖上翹，右腿屈膝，左腿伸直，右腿90％，左腿10％，重心偏重於右腿。同時，右手臂外旋屈肘上移，置於左太陽穴外側，掌心朝前偏下45度，掌指朝上偏前45度，臂呈弧形。左手臂內旋自然下落，掌心朝下，掌指朝右，肘微屈，臂呈弧形。眼平視前方。（圖9-42）

②重心左移，身體左轉。左腳腳尖落平踏實，左腿屈膝，右腿伸直，左腿80％，右腿20％，重心偏於左腿。同

時，右手臂內旋前移，右掌坐腕向前推出，勁達掌緣，掌心朝前偏左，掌指朝上，臂呈弧形。左掌在左膝前上方劃一圓弧，置於左胯外側偏前，坐腕，掌心朝下，掌指朝前，肘微屈。眼平視前方。（圖9－43）

圖9－42　　　　　　　　　圖9－43

第五節　　10.抹眉　　11.翻江倒海

第十式　　斜抹眉

①重心右移，身體右轉。兩腿屈膝，右腿60％，左腿40％，重心偏於右腿。同時，右手臂內旋鬆腕向右側上方屈肘劃孤，置於身體右前方，掌心朝前偏下，掌指朝左偏上，臂呈弧形。左手臂外旋由身體左側上移，掌心朝前，掌指朝左，臂呈弧形。眼平視右手方向。（圖10－44）

②重心移至左腿，身體左轉。右腳提起跟至左腳內側，腳前掌著地，腳跟略離地，兩腿屈膝，左腿90％，右腿10％，重心偏重於左腿。同時，右手臂外旋向下向左弧形下

落再微上移，置於左腋下，掌心朝上，掌指朝左，臂呈弧形。左手臂內旋屈肘向右微上移，掌心朝下，掌指朝右，臂呈弧形。眼平視前方。（圖10－45）

圖10－44

圖10－45

③重心移至左腿，身體微右轉，右腳提起向右前方45度東南方向邁步，腳跟先著地，然後全腳落平踏實，重心再右移，右腿屈膝，左腿伸直，右腿80％，左腿20％，重心偏於右腿。同時，右手臂內旋向右前上方展肘弧形分出，掌心朝下偏右，掌指朝上偏前，臂呈弧形。左手臂向左下方展肘分出，掌心朝下，掌指朝前，臂呈弧形。眼平視右掌方向。（圖10－46）

圖10－46

第十一式　翻江倒海

①重心微左移再移至右腿，身體右轉。右腳以腳跟為軸外轉，左腳提起跟至右腳內側偏後，腳尖著地，腳跟微離地，兩腿屈膝，右腿90％，左腿10％，重心偏重於右腿。同時，右手臂隨轉體坐腕微下落，掌心朝前偏左，掌指朝上，臂呈弧形。左手臂微內旋隨轉體屈肘向右上移，掌心朝下，掌指朝右，臂呈弧形。眼平視右手方向。（圖11－47）

②重心再移至右腿，身體右轉。左腳提起向身體後方正東方向撤步，腳尖先著地，然後全腳落平踏實，兩腿屈膝，左腿60％，右腿40％，重心偏於左腿。同時，右手臂內旋向右劃弧下落，掌心朝下，掌指朝左，臂呈弧形。左手臂外旋屈肘上移，掌心朝後偏上，掌指朝上，臂呈弧形。眼平視前方。（圖11－48）

圖11－47

圖11－48

③身體左轉再右轉，重心不變。同時，右手臂外旋再內旋，向左向前向右劃弧右移，掌心朝前，偏左，掌指朝上，

臂呈弧形。左手臂微屈肘後移，手型不變。眼平視右手方向。（圖11－49）

圖11－49

第六節 12.青龍返首
13.雙推掌
14.獅子回頭

第十二式　青龍返首

①重心右移，身體微左轉。右腿屈膝，左腿伸直，右腿80％，左腿20％，重心偏於右腿。同時，右手臂外旋向前上方推出，掌心朝上，掌指朝前偏下，勁達掌根，臂伸直。左手臂微內旋下移，置於身體前方左側，掌心朝上，掌指朝前，臂呈弧形。眼平視右手方向。（圖12－50）

②身體微前傾，身體微左轉，重心不變。右手臂內旋微屈肘左移，掌心朝下，掌指朝前，臂呈弧形。左手臂內旋由左腋下向左旋轉，然後下落，掌心朝外，掌指朝下，肘微屈。眼平視左側方向。（圖12－51）

圖12－50

第十三式　雙推掌

①重心左移，然後再右

移，身體繼續左轉。右腳以腳
跟爲軸內轉，左腳以腳跟爲轉
外轉，然後腳尖上翹。先左腿
屈膝，右腿伸直，然後再右腿
屈膝，左腿伸直，右腿70％，
左腿30％，重心偏於右腿。同
時，右手臂內旋下落前移，再
屈肘回收於體前，掌心朝前偏
下，掌指朝前偏上，臂呈弧
形。左手臂內旋前移，再屈肘
回收於體前，掌心朝前偏下，

圖12－51

掌指朝前偏下，臂呈弧形。眼平視前方。（圖13－52）

　②重心左移，左腳腳尖落平踏實，左腿屈膝，右腿伸
直，左腿80％，右腿20％，重心偏於左腿。同時，兩手臂內
旋坐腕向前推出，掌心朝前，掌指朝上，勁達掌根，臂呈弧
形。眼平視前方。（圖13－53）

圖13－52

圖13－53

第十四式　獅子回頭

①重心右移，身體右轉。右腳以腳跟爲軸外轉，左腳以腳跟爲軸內轉，兩腿屈膝，左腿55％，右腿45％，重心略偏於左腿。同時，兩手臂外旋隨轉體向右平移下落，掌心均斜朝上，掌指朝前偏內，臂呈弧形。眼平視右前方。（圖14－54）

②重心微右移，身體左轉。兩腳不動，兩腿屈膝，右腿55％，左腿45％，重心略偏於右腿。同時，兩手臂外旋上移向左平移，右掌掌心朝左偏下，掌指朝前，左掌掌心朝下，掌指朝前，兩臂均呈弧形。眼平視左前方。（圖14－55）

圖14－54　　　　　　　　　圖14－55

③重心略微左移，身體右轉。兩腳不動，兩腿屈膝，左腿55％，右腿45％，重心略偏於左腿。同時，右手臂內旋，左手臂外旋，右平移，掌心均朝下，掌指朝右，臂呈弧形。眼平視右前方。（圖14－56）

④重心右移，身體左轉。左腳以腳跟爲軸外轉，腳尖上

翹，右腿屈膝，左腿伸直，右腿90％，左腿10％，重心偏重
於右腿。同時，右手臂外旋，兩手臂隨轉體向左平移，右掌
掌心朝上，掌指朝右，左掌掌心仍朝下，掌指朝前偏右，臂
均呈弧形。眼平視前方。（圖14－57）

圖14－56　　　　　　　　圖14－57

　⑤重心移至左腿，身體繼續左轉。左腳以腳跟為軸繼續
外轉，然後腳尖落平踏實，隨
之右腳提起跟至左腳內側，腳
前掌著地，腳跟微離地，兩腿
屈膝，左腿90％，右腿10％，
重心偏重於左腿。同時，右手
臂向左平移，內旋屈肘下移，
掌心朝內偏上，掌指朝左，臂
呈弧形。左手臂向左劃弧平移
外旋下落，再屈肘上移，掌心
朝內，掌指朝上，臂呈弧形。
眼平視前方。（圖14－58）

圖14－58

第七節　15.下式　16.騎馬勒聽

第十五式　下式

①重心移至左腿，身體右轉。右腳提起向右前方正東方向出步，然後左腿全蹲，左腿屈膝，右腿微屈膝，左腿85％，右腿15％，重心偏於左腿。同時，右手臂外旋下落前移，置於右腿內側偏上，掌心朝左，掌指朝前，臂伸直。左手臂內旋向左平移，掌心朝下，掌指朝右，臂呈弧形。眼平視右前方偏下。（圖15－59）

②重心右移，右腿上移屈膝，左腿微屈，右腿75％，左腿25％，重心偏於右腿。同時，右手臂上移，微外旋屈肘回收，掌心朝左偏後，掌指朝前，微坐腕，臂呈弧形。左手臂重心前移，微內旋下落，掌心仍朝下，掌指朝右偏後，臂呈弧形。眼平視前方。（圖15－60）

圖15－59

圖15－60

第十六式　騎馬勒聽

①重心移至右腿，身體右轉。右腳以腳跟為軸外轉，左腳提起經右腿左側向右腳前正東方面上步，腳尖著地，腳跟離地。兩腿屈膝，右腿90％，左腿10％，重心偏重於右腿。同時，右手臂內旋隨上步轉體右上移，置於身體右側前方，掌心朝右前方，掌指朝左偏上，略高於肩，臂呈弧形。左手臂外旋隨上步轉體右移，置於身體左側前方，掌心朝上，掌指朝左前方45度，高於肩齊，臂呈弧形。眼平視左手方向。（圖16－61）

②重心移至右腿，身體右轉。左腳提起向前正東方向出半步，腳尖先著地，然後全腳落平踏實，右腿屈膝，左腿伸直，右腿85％，左腿15％，重心偏於右腿。同時，右手臂微外旋下落右移，再微內旋上移劃弧，置於身體右側上方，掌心朝前，掌指朝右偏上，高於頭齊，肘微屈。左手臂內旋向右劃弧下落，置於體前右側，掌心朝後，掌指朝右，臂呈弧形。眼平視前方。（圖16－62）

圖16－61　　　　　　　　　　圖16－62

③重心左移，身體左轉。
左腳以腳跟爲軸外轉，兩腿屈
膝，右腿55％，左腿45％，重
心略偏於右腿。同時，右手臂
微內旋坐腕下按，置於小腹
前，掌心朝左偏下，掌指朝
前，勁達掌緣，肘微屈。左手
臂內旋隨轉體向左上移，置於
身體左側上方，掌心朝左，掌
指朝前偏上，高於頭齊，臂呈
弧形。眼平視前方。（圖16－63）

圖16－63

第八節　17.鑽心捶　18.野馬分鬃　19.海底針

第十七式　鑽心捶

①重心右移，身體右轉。左腳以腳跟爲軸內轉，右腳以
腳跟爲軸外轉，右腿屈膝，左腿微屈，右腿75％，左腿
25％，重心偏於右腿。同時，右手臂內旋鬆腕向右屈肘上
移，置於身體右前方，掌心朝下，掌指朝左，高於胸齊，臂
呈弧形。左手臂隨轉體外旋微下落，置於身體左側，掌心朝
上，掌指朝左高於肩齊，臂呈弧形。眼平視右手前方。（圖
17－64）

②重心不變，身體繼續右轉。同時，右手臂外旋向右劃
弧下落，再內旋變拳收於腹前，拳心朝內，臂呈弧形。左手
臂內旋隨轉體微屈肘置於體前，掌心朝內，掌指朝右，高於
口齊，臂呈弧形。眼平視前方。（圖17－65）

圖17－64　　　　　　　圖17－65

③重心移至左腿，身體微左轉。右腳提起經左腿右側向
後正東方向撤步，腳尖著地，腳跟離地，兩腿交叉屈膝，左
腿65％，右腿35％，重心偏於左腿。同時，右手臂外旋右拳
旋轉向前上方衝出，拳心朝上偏右，高於眉齊，臂呈弧形。
左手臂內旋下落收於體前，掌心朝下，掌指朝右，臂呈弧
形。眼平視前方。（圖17－
66）

第十八式　野馬分鬃

①身體右轉，重心右移。
右腳以腳尖為軸內轉，然後腳
跟落平踏實。左腳以腳跟為軸
內轉，兩腿屈膝成馬步，重心
在兩腿中間。同時，右拳變
掌，手臂內旋微向左下落隨轉
體向右平移，置於身體左側偏

圖17－66

後，掌心朝下，掌指朝左，高於肩齊，勁達手臂外沿，肘微
屈。左手臂微內旋略右移，掌心朝下，掌指朝右，臂呈弧
形。眼平視右手方向。（圖18－67）

　　②重心右移，身體左轉，左腳提起經右腿後側向後正東
方向撤步，腳尖著地，腳跟離地，兩腿屈膝交叉，右腿
65％，左腿35％，重心偏於右腿。同時，右手臂外旋微左
移，置於身體左側，掌心朝上，掌指朝左，高於肩齊，肘微
屈。左手臂微上移，掌心朝下，掌心朝右，略低於肩，臂呈
弧形。眼平視左前方。（圖18－68）

圖18－67　　　　　　　　　　圖18－68

　　③重心左移，身體左轉。右腳以腳跟為軸內轉，左腳以
腳尖為軸外轉，兩腿屈膝，左腿75％，右腿25％，重心偏於
左腿。同時，右手臂內旋左手臂外旋隨轉體向左平移，右掌
掌心朝左，掌指朝前偏上，高於頭齊，肘微屈。左掌掌心朝
下偏右，掌指朝左偏下，臂呈弧形。眼平視前方。（圖18－
69）

第十九式　海底針

①重心移至左腿，身體左轉。右腳提起跟至左腳內側，腳前掌著地，腳跟離地。兩腿屈膝，左腿90％，右腿10％，重心偏於左腿。同時，右手臂微外旋屈肘下落，置於左肘下方，掌心朝內偏上，掌指朝左，臂呈弧形。左手臂外旋下

圖18－69

落由體前上移，掌心朝內偏上，掌指朝上，臂呈弧形。眼平視前方。（圖19－70）

②重心右移，身體微右轉。左腳腳跟離地，兩腿屈膝。右腿90％，左腿10％，重心偏重於右腿。同時，右手臂內旋下落，置於身體右側下方，坐腕，掌心朝下，掌指朝前，肘微屈。左手臂內旋右移，置於頭部前上方。掌心朝前，掌指朝右，臂呈弧形。眼平視右側前方。（圖19－71）

圖19－70

圖19－71

第二段
第九節　20.沖天炮　21.劈華山

第二十式　沖天炮

①重心移至左腿，身體右轉。左腳腳跟落平踏實，右腳提起向前正西方向出步，腳跟先著地，腳尖外擺，然後落平踏實，兩腿屈膝，右腿70％，左腿30％。重心偏於右腿。同時，右手臂微內旋劃弧上移，左手臂外旋向右前方下落，兩手交叉，右掌在外，左掌在內，右掌掌心朝外，掌指朝左上方，左掌掌心朝內，掌指朝右上方，與眉同高，兩臂均呈弧形。眼平視前方。（圖20－72）

②重心移至右腿，身體右轉。左腳提起跟至右腳內側，腳前掌著地，腳跟離地，右腳以腳跟為軸微外轉，兩腿屈膝，右腿90％，左腿10％，重心偏於右腿。同時，右手臂微外旋隨轉體右移，置於身體右側前方，掌心朝前，掌指朝上，臂呈弧形。左手臂內旋右移下落，置於右臂肘關節內側，掌心朝後偏下，掌指朝右偏上，臂呈弧形。眼平視右手方向。（圖20－73）

③重心移至右腿，左腳提起向前45度西南方向出步，腳跟先著地，然後全腳掌落平踏實，兩腿屈膝，左腿75％，右

圖20－72

腿25％，重心偏於左腿。同時，右手臂外旋下落變拳，置於
小腹右側，拳心朝內，臂呈弧形，左掌微下落左移，掌心朝
下偏右，掌指朝右偏上，臂呈弧形。眼平視前方。（圖20－
74）

圖20－73

圖20－74

④重心右移，右腿屈膝，
左腿伸直，右腿80％，左腿
20％，重心偏於右腿。同時，
右手臂內旋握拳向前45度西北
方向上方衝出，拳心朝下偏前
45度，勁達拳面，肘微屈。左
手臂微內旋坐腕略前移，置於
右上臂內側，掌心朝右，掌指
朝上，臂呈弧形。（圖20－
75）

圖20－75

第二十一式 劈華山

①重心微左移再微右移，身體微左轉再微右轉。兩腿重心不變。同時，右拳變掌，手臂內旋屈肘再外旋前伸劃一圓弧，掌心朝上偏後，掌指朝前偏上，臂呈弧形。左手臂自然微下落前移，掌心朝下，掌指朝右，臂呈弧形。眼平視右掌方向。（圖21－76）

②重心移至左腿，身體左轉。左腳以腳跟為軸微外轉，右腳提起跟至左腳內側，腳前掌著地，腳跟離地，兩腿屈膝，左腿90％，右腿10％，重心偏重於左腿。同時，右手臂內旋下落左移，置於左小臂外側，掌心朝下偏後，掌指朝下偏左，肘微屈。左手臂自然外旋下落，置於右臂內側，掌心朝內，掌指朝右，臂呈弧形。眼平視前方。（圖21－77）

圖21－76　　　　　　　圖21－77

③重心移至左腿，身體右轉。右腳提起向右前方西北方向出步，腳跟先著地，然後全腳落平踏實，右腿屈膝，左腿伸直，右腿80％，左腿20％，重心偏於右腿。同時，右手臂

微內旋再外旋從左向上向前下落，置於身體右側前方，掌心朝左，掌指朝前偏上，肘微屈。左手臂外旋由左上移，掌心朝右，掌指朝後偏下，肘微屈。眼平視右手方向。（圖21－78）

第十節　22.獅子回頭
23.下式　24.斜栽捶

第二十二式　獅子回頭

①重心左移，身體微右轉。右腳腳尖上翹，左腳屈膝，右腿伸直，左腿70％，右腿30％，重心偏於左腿。同時，右手臂外旋屈肘下落回收，置於體前，腹部右前方，掌心朝上，掌指朝左，臂呈弧形。左手臂外旋微屈肘上移，置於身體左側上方，掌心朝上偏內，掌指朝斜上方，肘微屈。眼平視右前方。（圖22－79）

圖21－78

圖22－79

②重心移至右腿，身體右轉。右腳以腳跟為軸外轉，然

後腳尖落平踏實，左腳提起跟至右腳內側，腳前掌著地，腳跟微抬，兩腿屈膝，右腿90％，左腿10％，重心偏重於右腿。同時，右手臂微外旋，由左小臂內側上移，置於身體右前方，掌心朝內，掌指朝上，臂呈弧形。左手臂外旋右移由右手臂外側屈肘下移，置於左肘下方，掌心朝上偏內，掌指朝右，臂呈弧形。眼平視右前方。（圖22－80）

第二十三式　下式

①重心移至右腿，身體左轉略前傾，右腿屈膝下蹲，左腳提起向前正西方向出步。左腿鋪平，腳尖斜朝內，右腿85％，左腿15％，重心偏於右腿。同時，右手臂內旋向左平移，掌心朝下偏後，掌指朝左偏後，臂呈弧形。左手臂外旋下落展肘前移，置於左腿內側偏上，掌心朝右，掌指朝前偏下，臂伸直。眼平視前方。（圖23－81）

圖22－80　　　　　　　　圖23－81

②重心左移，左腿屈膝上移，右腿微屈，左腿75％，右腿25％，重心偏於左腿，同時，右手臂微外旋下落，掌心朝

下，掌指朝左偏後，臂呈弧
形。左手臂上移，微外旋屈肘
回收，掌心朝右偏後，掌指朝
前偏上，臂呈弧形。眼平視左
前方。（圖23－82）

第二十四式　斜栽捶

①重心移至左腿，身體左
轉。左腳以腳跟爲軸微外轉。
右腳提起跟至左腳內側，腳前

圖23－82

掌著地，腳跟微離地，兩腿屈
膝，左腿90％，右腿10％，重心偏重於左腿。同時，右手臂
外旋，隨跟步轉體向前平移，置於右前方，掌心朝上，掌指
朝前，肘微屈。左手臂內旋肘微上移，隨跟步轉體向左平
移，置於身體左側，掌心朝下，掌指朝前，與肩同高，臂呈
弧形。眼平視前方。（圖24－83）

②重心移至左腿，身體左
轉再右轉。左腳以腳跟爲軸外
轉，右腳提起向右正西方向出
步，腳尖先著地，然後全腳落
平踏實，兩腿屈膝，左腿
55％，右腿45％，重心偏於左
腿。同時，右手臂向左平移置
身體左上方再內旋回收下落。
置於腹前，掌心朝內，掌指朝
下偏左，臂呈弧形。左手臂外
旋上移，置於左上方，掌心朝

圖24－83

內偏上，掌指朝上，臂呈弧
形。眼平視前方。(圖24－84)

③重心右移，身體右轉。
右腿屈膝，左腿微屈膝，右腿
75％，左腿25％，重心偏於右
腿。同時，右手臂外旋隨轉體
向右側上方變拳，拳心朝右側
前下方，臂呈弧形。左手臂內
旋向右平移下落，置於右臂左
側，掌心朝右偏下，掌指朝右
偏上，臂呈弧形。眼平視右拳
方向。（圖24－85）

圖24－84

④重心微左移再下移，身體左轉。兩腿屈膝，右腿
60％，左腿40％，重心偏於右腿。同時，右手臂內旋右拳由
右上方翻轉向左下落，置於左前方，拳心朝外偏右，臂呈弧
形。左手臂微內旋隨右拳下移坐腕，仍置於右臂左側，掌心
朝右，掌指朝上，臂呈弧形。眼平視前方。（圖24－86）

圖24－85

圖24－86

第十一節　25.上步搬攔捶　26.六封四閉

第二十五式　上步搬攔捶

①身體右轉，左腳以腳跟為軸內扣。右拳變掌，右手臂外旋掌心朝外向上向右劃弧置於身體右側。同時，左手微右移，掌心仍朝下偏右。眼平視右手前方。（圖25－87）

②兩掌掌心朝下，兩手臂內旋再外旋由體前向下向左上移，右手掌心朝外，左手掌心朝上，臂呈弧形。眼平視右前方。（圖25－88）

圖25－87

圖25－88

③重心微左移，右腳以腳跟為軸外擺，腳尖翹起。眼平視右前方。（圖25－89）

④重心移至右腿，身體右轉。左腳提起經右腿內側向前上步，腳尖著地，腳跟離地約3公分，兩腿屈膝。右腿70％，左腿30％，重心偏於右腿。同時，右手臂外旋劃一小圓下落置於右腹前，掌心朝內，指尖朝前，臂呈弧形。左手

臂內旋由上落於體前，肘微屈，臂呈弧形，掌心朝右。眼平視前方。（圖25－90）

圖25－89

圖25－90

⑤重心移置右腿，身體微右轉。左腳提起向前邁小半步，腳跟著地，腳尖上翹，右腿屈膝，左腿伸直，右腿70％，左腿30％，重心偏於右腿。同時，右掌外旋變拳，拳心朝上，拳面朝前。屈肘，臂呈弧形。左手臂微內旋略右移，臂呈弧形。眼平視前方。（圖25－91）

⑥重心前移，左腳落平踏實。左腿屈膝，右腿蹬直。左腿80％，右腿20％，重心偏於左腿。同時，右手握拳，右手臂內旋向前衝出，置於右手腕的上方，拳心朝下，拳面朝前。肘微屈，左手臂微外旋，

圖25－91

坐腕，臂呈弧形。眼平視前
方。（圖25－92）

第二十六式　六封四閉

　　①重心後移，左腳腳尖上
翹，腳跟著地。右腿屈膝，左
腿伸直，右腿７０％，左腿
３０％，重心偏於右腿。同時右
拳變掌右移，置於左掌右側。
左掌左移，兩掌掌心均朝前，
坐腕。屈肘，臂呈弧形。眼平
視前方。（圖26－93）

圖25－92

　　②重心前移，左腳腳尖落平踏實。左腿屈膝，右腿蹬
直，左腿80％，右腿20％，重心偏於左腿。同時，兩掌隨身
體前移前推，臂呈弧形。眼平視前方。（圖26－94）

圖26－93

圖26－94

第十二節　27.青龍出水　28.左單鞭

第二十七式　青龍出水

①重心右移，身體右轉。左腳以腳跟爲軸內扣。兩腿屈膝，重心在兩腿中間。同時，右手臂外旋向右下落，掌心朝下，臂呈弧形。左手臂外旋上移，掌心朝上，屈肘，臂呈弧形。眼平視右前方。（圖27－95）

②重心移至左腿，身體右轉。右腳提起經左腿後側向正東方向撤步，腳尖朝地，腳跟微離地，兩腿均屈膝。左腿60％，右腿40％，重心略偏於左腿。同時，左手臂內旋向右前方下落再外旋變掌心朝上。右掌由體前在左手臂內側向前穿出，掌心朝上。肘微屈，臂呈弧形。眼平視右手方向。（圖27－96）

圖27－95

圖27－96

第二十八式　左單鞭

①重心右移，身體右轉，右腳腳尖爲軸內扣，腳跟落平

踏實，腳尖朝前偏右。左腳以腳跟爲軸內扣，腳尖朝前偏左。兩腿屈膝，重心在兩腿中間。同時，兩手臂內旋向右平移，兩掌變掌心朝下，屈肘，臂呈弧形。右手與肩同高，左手置於右胸前。眼平視右手方向。（圖28－97）

　　②兩腳不動，以腰爲軸，身體左轉。同時兩手臂向左平移，右手臂外旋變掌心朝後。左手臂上移，與肩同高。眼平視左手方向。（圖28－98）

圖28－97　　　　　　　圖28－98

　　③重心向右移動，身體右轉。兩腿屈膝，右腿75％，左腿25％，重心偏於右腿。同時，兩手臂外旋，右掌由左向右偏上右移，掌心朝下偏前，臂呈弧形。左掌平移變掌心朝內，臂呈弧形。眼平視右手方向。（圖28－99）

　　④重心左移，身體左轉。左屈膝，右腿微屈膝。左腿75％，右腿25％，重心偏於左腿。同時，兩掌內旋下落向左上移。手腕相交，左掌在上，右掌在下，臂呈弧形。眼平視左前方。（圖28－100）

　　⑤重心右移，身體右轉。右腿屈膝，左腿伸直。右腿80％，左腿20％，重心偏於右腿。同時，兩掌隨轉體移至身

圖28－99   圖28－100

體左側，掌型不變，眼平視右前方。（圖28－101）

  ⑥重心左移，身體左轉。左腿屈膝，右腿伸直。左腿80％，右腿20％，重心偏於左腿。同時，左掌隨轉體微內向左分出，掌指朝上，坐腕，臂呈弧形。右掌隨轉體右移。指掌朝上偏後，臂呈弧形。眼向左前方45％平視。（圖28－102）

圖28－101   圖28－102

第三段
第十三節　29.左雲手　30.更雞獨立

第二十九式　左雲手

①重心右移，身體右轉。兩腿屈膝，右腿60％，左腿40％，重心略偏於右腿。同時，左掌微下落右移，勁達掌緣。左掌微上移，掌指朝上，眼向右前方平視。（圖29－103）

②重心左移，身體左轉。左腿屈膝，右腿微屈，左腿80％，右腿20％，重心偏於左腿。同時，右手臂外旋向下降左摟起，掌心朝上。臂呈弧形。左手臂外旋向左下移，臂呈弧形。眼平視左前方。（圖29－104）

圖29－103

圖29－104

③重心移至右腿，身體右轉。左腳提起收於右腳內側，腳尖著地，腳跟微離。兩腿屈膝，右腿60％，左腿40％，重心略偏於右腿。同時，右手臂外旋向左經臉前向右劃弧，置

於身體右側，掌心朝外，臂呈弧形。左掌下落再向右內旋上移，掌心斜朝下，臂呈弧形。眼平視右手方向。（圖29－105）

④重心再次移至右腿，身體左轉。左腳提起向左正東方向出步。腳跟先著地，然後全腳落平踏實。左腿屈膝，右腿微屈，左腿80％，右腿20％，重心偏於左腿。同時，右手臂內旋下落，置於腹前，掌心朝上，臂呈弧形。左掌向上經臉前向左外旋劃弧，置於身體左側，指尖朝上，臂呈弧形。眼平視左手方向。（圖29－106）

圖29－105　　　　　　　圖29－106

⑤重心移至左腿，身體右轉。右腳提起收至左腳內側。腳尖先著地然後全腳落平踏實。兩腿屈膝，左腿60％，右腿40％，重心略偏於左腿。同時，右手臂外旋向右經臉前向右劃弧，置於身體右側，掌心朝外，臂呈弧形。左掌內旋下落，置於腹前，掌心朝上，臂呈弧形。眼平視右手方向。（圖29－107）

⑥右腳落平踏實，身體左轉。左腿屈膝，右腿微屈，左腿80％，右腿20％，重心偏於左腿。同時，右掌內旋下落，

置於腹前，掌心朝上，臂呈弧形。左掌向上經臉前向左外旋劃弧，置於身體左側，掌心朝外，臂呈弧形。眼平視左手方向。（圖29－108）

圖29－107　　　　　　　　　圖29－108

　　⑦重心移置左腿，身體右轉。右腳提起收至左腳內側。腳尖先著地然後全腳落平踏實。兩腿屈膝，左腿60％，右腿40％，重心偏於左腿。同時，右手臂外旋向右經臉前向右劃弧，置於身體右側，掌心朝外，臂呈弧形。左掌內旋下落，置於腹前，掌心朝上，臂呈弧形。眼平視右前方。（圖29－109）

第三十式　更雞獨立

　　①重心移至左腳，身體右轉。右腳提起經左腿後側向正

圖29－109

東方向撤步，腳尖著地。兩腿屈膝，左腿60％，右腿40％，重心略偏於左腿。同時，兩手臂微下落，眼平視前方。（圖30－110）

②重心右移，身體右轉。右腳落平踏實。兩腿屈膝，右腿70％，左腿30％，重心偏於右腿。同時，右手外旋下落掌心朝前，指尖朝下臂呈弧形。左掌微外旋上移，掌心朝上，臂呈弧形。眼平視前方。（圖30－111）

圖30－110　　　　　圖30－111

③重心移至右腿，身體左轉。左腳提起經右腿內側向後撤步，腳尖先著地然後全腳落平踏實。兩腿屈膝，左腿70％，右腿30％，重心偏於左腿。同時，右手上移，掌心朝上，臂呈弧形。左手臂內旋下落，置於身體左側，肘微屈。眼平視前方。（圖30－112）

④重心移至左腿，身體微右轉。右腿提膝，右腳抬起，右腳腳尖自然下垂。同時，右手臂內旋上舉，掌心朝上，指尖朝後。左手坐腕，掌心朝下，指尖朝前。眼平視前方。（圖30－113）

⑤右腳經左腿內側向後撤步，腳尖先著地然後全腳落平

圖30－112　　　　　　　圖30－113

踏實。兩腿屈膝，右腿70％，左腿30％，重心偏於右腿。同時，右手臂內旋下落，置於身體右側，肘微屈。左手臂外旋上移，掌心朝上，臂呈弧形。眼平視前方。（圖30－114）

　⑥重心移至右腿，身體微左轉。左腿提膝，左腳抬起，左腳腳尖自然下垂。同時，左手臂內旋上舉，掌心朝上，指尖朝後。右手坐腕，掌心朝下，指尖朝前。眼平視前方。（圖30－115）

圖30－114　　　　　　　圖30－115

第十四節　31.肘底捶　32.倒攆猴

第三十一式　肘底捶

　　①左腳向後45度東南方向撤步。右腿屈膝，左腿伸直，右腿80％，左腿20％，重心偏於右腿。同時，左手隨撤步微下移。（圖31－116）

　　②重心微右移，身體左轉。右腳以腳跟爲軸內扣，左腳以腳尖爲軸外擺。兩腿屈膝，右腿70％，左腿30％，重心偏於右腿。同時，右手臂微外旋變拳隨轉體衝出，置於左小臂下方，掌心朝左，拳面朝前，屈肘。左手臂屈肘回收置於體前，掌心朝右，掌指朝上。眼平視前方。（圖31－117）

圖31－116　　　　　　　　　圖31－117

第三十二式　倒攆猴

　　①重心移至右腿。身體微右轉。左腳提起回收小半步，仍腳尖著地。兩腿屈膝，右腿90％，左腿10％，重心偏於右

腿。同時，右拳變掌經左掌前向上移至右耳側，掌心斜朝
下，屈肘。左掌微右移下落，置於右胸前。臂呈弧形。眼平
視前方。（圖32－118）

　②重心移至右腿，身體微左轉。左腳提起向前45度東南
方向出步，腳跟先著地然後全腳落平踏實。左腿屈膝，右腿
蹬直，左腿80％，右腿20％，重心偏於左腿。同時，右手臂
內旋坐腕向前推出，掌指朝上，臂呈弧形。左掌隨右掌前推
前移，置於右手腕下方，坐腕，掌指朝上，臂呈弧形。（圖
32－119）

圖32－118　　　　　　　　圖32－119

　③重心左移，右腳提起跟至左腳內側，腳尖著地，兩腿
屈膝。左腿90％，右腿10％，重心偏於左腿。（圖32－
120）

　④重心移至左腿，身體微右轉。右腳提起向後東北方向
落步，腳尖著地。兩腿屈膝，左腿90％，右腿10％，重心偏
於左腿。同時，左手臂外旋向左分出，掌心朝上，臂呈弧
形，右手臂內旋向左下落，置於身體左前方，掌心朝下，臂

呈弧形。眼平視左手方向。（圖32－121）

圖32－120　　　　　圖32－121

④左腳以腳跟爲軸內扣，右腳以腳尖爲軸外擺，身體右轉270度。重心不變，兩腿仍屈膝。同時，左手臂內旋屈肘收至左耳左側，掌心朝斜下方。右掌微上移，掌心朝左斜下方，臂呈弧形。眼平視東北方向。（圖32－122）

⑤重心移至左腿，身體微右轉。右腳提起向前東北方向出一小步，腳跟先著地然後全腳落平踏實。右腿屈膝，左腿蹬直，右腿80％，左腿20％，重心偏於右腿。同時，左手臂內旋向前坐腕推出，掌指朝上，臂呈弧形。右手臂內旋隨左掌前移，置於左手手腕下方，掌指朝上，臂呈弧形。（圖32－123）

圖32－122

⑥重心移至右腿。左腳提起跟至右腳內側，腳尖著地。兩腿屈膝，右腿90％，左腿10％，重心偏於右腿。（圖32－124）

圖32－123　　　　　　　圖32－124

⑦重心移至右腿，身體微左轉。左腳提起向後東南方向落步，腳尖朝地。兩腿屈膝，右腿90％，左腿10％，重心偏於右腿。同時，右手臂外旋向右分出，掌心朝左，臂呈弧形。左手臂內旋向右下落，置於身體右下方，臂呈弧形。（圖32－125）

⑧右腳以腳跟為軸內扣，左腳以腳尖為軸外擺。身體左轉270度，重心不變，兩腿仍屈膝。同時，右手臂內旋屈肘收至右耳右側，掌心朝斜下方。左掌微上移，掌心朝右斜

圖32－125

下方，臂呈弧形。眼朝東南方向平視。（圖32－126）

⑨重心移至右腿，身體微左轉。左腳提起向前45度東南方向出步，腳跟先著地然後全腳落平踏實。左腳屈膝，右腿蹬直，左腿80％，右腿20％，重心偏於左腿。同時，右手臂內旋向前坐腕推出，掌指朝上，臂呈弧形。左掌隨右掌前推，置於右腕下方，坐腕，掌指朝上，臂呈弧形。眼平視東南方向。（圖32－127）

圖32－126　　　　　　　圖32－127

第十五節　33.左、右起脚　34.轉身栽捶

第三十三式　左、右起脚

①重心移至右腿，身體右轉。右腳以腳跟為軸外擺，左腳收至右腳內側，腳尖著地。兩腿屈膝，右腿90％，左腿10％，重心偏於右腿。同時，右手向右，左手向左劃一圓弧至於體前，兩手腕交叉，臂呈弧形。（圖33－128）

②重心移至右腿，身體微右轉。左腿提膝，左腳腳尖向

左前方西南方向彈出，重心全在右腿上。同時，兩手臂內旋由上向左、右分出。左掌置於左腿上方，右腿置於身體右側，臂呈弧形。眼平視西南方向。（圖33－129）

圖33－128　　　　　　　圖33－129

　③身體左轉。左腳經右腿內側向後東南方向落步，腳尖先著地然後全腳落平踏實。左腿屈膝，右腿微屈，右腿75％，左腿25％，重心偏於右腿。同時，右手臂外旋左移，掌心朝斜下方，臂呈弧形。左掌右移置於右胸前，掌心朝下，臂呈弧形。眼平視西北方向。（圖33－130）

　④重心移至左腿。右腳提起收至左腳內側腳尖著地。兩腿屈膝左腿90％，右腿10％，重心偏於左腿。同時，左手臂外旋向左下落再內旋由左向上

圖33－130

劃弧落置胸前，右手臂微外旋下落再上移。兩手腕交叉，掌心朝斜下方，臂呈弧形。眼平視前方。（圖33－131）

⑤重心移至左腿，身體微右轉，右腿提膝，右腳腳尖向西北方向彈出。重心全部在左腿上。兩手臂內旋由上向前後下落，掌心朝外偏下。肘微屈，臂呈弧形。眼平視西北方向。（圖33－132）

圖33－131　　　　　　　　圖33－132

第三十四式　轉身栽捶

①身體右轉。右腳向身體後正東方向落步，腳尖先著地然後全腳落平踏實。重心右移，左腿80％，右腿20％，重心偏於左腿。同時，右手臂下落回收置於體前，掌心朝霞偏前，臂呈弧形。左手臂由左上方向前下落置於體前，掌心朝下偏前，臂呈弧形。左掌在前，右掌在後，眼平視前方。（圖34－133）

②身體右轉。重心右移，兩腿屈膝，右腿70％，左腿30％，重心偏於右腿。同時，兩手臂內旋再外旋下落右擺置於身體右側。右掌掌心朝左，左掌掌心朝右。臂呈弧形。

（圖34－134）

圖34－133　　　　　　　　圖34－134

③兩腳不動，重心左移，兩腿屈膝，重心在兩腿中間。同時，外旋再內旋由右向上向左後擺，右掌置於體前掌心朝下。屈肘，臂呈弧形。左掌置於身體左側掌心朝上。肘微屈。（圖34－135）

④重心移至右腿，身體右轉。左腳提起向前正東方向上步，腳尖著地，腳跟離地。兩腿屈膝，右腿85％，左腿15％，重心偏於右腿。同時，右手臂隨轉體上步外旋向右收置右腹前，掌心朝內，臂呈弧形。左掌隨轉體上步內旋置於體前，掌心朝右，臂呈弧形。（圖34－136）

⑤重心移至右腿，身體左

圖34－135

轉。左腳提起向前正東方向邁半步，腳跟先著地，然後全腳落平踏實。左腿屈膝，右腿蹬直。左腿80％，右腿20％，重心偏於左腿。同時，左手臂內旋下落向後撈出，置於身體左側，掌心朝上。右掌變拳向前下方衝出，拳面朝斜下方，臂微屈。眼平視前方。（圖34－137）

圖34－136　　　　　　　　圖34－137

第十六節　35.翻身拍脚　36.披身伏虎 37.右單鞭

第三十五式　翻身拍脚

①重心右移，身體右轉180度。左腳以腳跟爲軸內扣，右腿屈膝，左腿微屈。右腿80％，左腿20％，重心偏於右腿。同時，右手臂外旋右拳隨轉體向後擊出，拳心朝內偏下。左掌隨轉體而動。眼平視正西方向。（圖35－138）

②重心左移，身體右轉。右腳以腳跟爲軸外擺，腳尖上

翹。左腿屈膝，右腿屈膝，左腿90％，右腿10％，重心偏於左腿。同時，右手臂內旋右拳屈肘上移置於額頭前上方。拳心朝前，臂呈弧形。左手臂內旋屈肘移至腹前，拳心朝下，臂呈弧形。（圖35－139）

圖35－138

圖35－139

③重心右移，身體右轉。右腿屈膝，左腿微屈，右腿80％，左腿20％，重心偏於右腿。同時，右手臂微外旋向右弧形下落，於肩同高，，掌心朝外，臂呈弧形。左手臂外旋向前上移，掌心朝右偏下，肘微屈，臂呈弧形。（圖35－140）

④重心移至右腿，左腿經右腿內側向前正西方向上步，腳跟先著地，然後全腳落平踏實。左腿屈膝，右腿微屈，左

圖35－140

腿80％，右腿20％，重心偏於
左腿。同時，右掌自然下落，
掌心朝後，臂呈弧形。左手臂
內旋屈肘回收，掌心朝下，臂
呈弧形。（圖35－141）

　　⑤重心移至左腿，身體左
轉，右腿向前上方擺起，腳面
伸平。高於頭齊。重心全部在
左腿上。同時，右手臂上擺再
下落右掌，掌心拍擊右腳腳
面。左手臂內旋上移，掌心朝

圖35－141

前，臂呈弧形。眼平視前方。（圖35－142）

　　⑥左腿不動，右腳下落右腿屈膝，右腳腳尖自然下垂。
重心仍在左腿上。同時，右掌回收，左掌向前下落，掌心均
朝前斜下方，臂呈弧形。眼平視前方。（圖35－143）

圖35－142

圖35－143

第三十六式　披身伏虎

①右腳經左腿外側向後東南方向跳步，隨後左腳抬起，左腿屈膝，左腳置於體後，右腳腳前掌先落地，然後全腳落平踏實。左腿屈膝，重心全部在左腿上。同時，兩手臂內旋再外旋向下向後再向上向前劃一圓弧。兩掌掌心朝下偏前。臂呈弧形。（圖36－144）

②左腳向東南方向落步，腳尖先著地，然後全腳落平踏實，身體左轉。左腿屈膝，右腿伸直，左腿80％，右腿20％，重心偏於左腿。同時，兩手臂內旋，左手臂再外旋左移。左掌掌心朝右，右掌掌心朝左。兩臂均呈弧形。眼平視東南方向。（圖36－145）

圖36－144　　　　　　　　　圖36－145

③重心移至左腿。右腳抬起右腿屈膝，右腳自然下垂。重心全部在左腿上。同時，兩手臂由左上移至體前上方，掌心朝外，臂呈弧形。（圖36－146）

④身體右轉，右腳向東北方向落步，腳尖先著地然後全

腳落平踏實。兩腿屈膝，右腿
60％，左腿40％，重心偏於右
腿。同時兩手臂隨轉體下落於
體前，掌心均朝下，臂呈弧
形。（圖36－147）

　　⑤左腳以腳跟為軸裡扣，
身體右轉再左轉。兩腿重心不
變。同時，右手臂外旋再內旋
向右側劃弧屈肘上舉變拳，拳
心朝下偏前，臂呈弧形。左手

圖36－146

臂內旋再外旋向右劃弧置於體
前屈肘變拳，拳心朝上，臂呈弧形。眼平視前方。（圖36－
148）

圖36－147

圖36－148

第三十七式　右單鞭

　　①重心移至左腿，身體左轉。左腳以腳跟為軸外擺，右

腳提起跟至右腳內側，腳前掌著地。兩腿屈膝，左腿90％，右腿10％，重心偏於左腿。同時，兩拳變掌，右手臂外旋向右向下劃弧再內旋收於腹前，掌心朝下，臂呈弧形。左手臂內旋向左向上劃弧收於胸前，掌心內偏下，臂呈弧形。（圖37－149）

②重心移至左腳，身體右轉。右腳提起向右正西方向邁步，腳跟先著地，然後全腳落平踏實。左腳以腳跟為軸微內扣。右腿屈膝，左腿微屈，右腿75％，左腿25％，重心偏於右腿。同時，右手臂微外旋，向右上移，掌心斜朝下，肘微屈。左手臂外旋左掌微下落置於體前。掌心朝上。臂呈弧形。（圖37－150）

圖37－149　　　　　　　　圖37－150

③重心左移，身體左轉。兩腿屈膝，左腿55％，右腿45％，重心略偏於左腿。同時，右手臂微外旋下落向左屈肘，左手臂內旋向左屈肘上移。兩手腕交叉，右掌在外，左掌在內，掌心均朝外，臂呈弧形。（圖37－151）

④重心右移，身體右轉。右腳腳尖外擺。右腿屈膝，左

腿蹬直，右腿80％，左腿20％，重心偏於右腿。同時，右手臂微內旋隨轉身右移，掌心朝外，臂呈弧形。左手臂微內旋向左左移，坐腕，掌心朝外，臂呈弧形。（圖37－152）

圖37－151　　　　　　　　　　圖37－152

第四段
第十七節　38.右雲手　39.按式

第三十八式　右雲手

①重心左移，身體左轉。兩腿屈膝，重心在兩腿中間。同時左手微內旋隨轉體左移掌心朝左，臂呈弧形。右手臂隨轉體微左移。（圖38－153）

②重心右移再移至左腿，身體微右轉再左轉。右腳收至左腳內側，腳前掌著地。腳跟微離地。兩腿屈膝，左腿90％，右腿10％。重心偏於左腿。同時，左手臂外旋下落由體前劃一圓弧再內旋置於身體左側，掌心朝前，臂呈弧形，

右手臂向右微外旋下落再內旋上移置於左胸右側，掌心朝斜右下方，臂呈弧形。眼平視左手方向。（圖38－154）

圖38－153　　　　　　　　　圖38－154

③重心移至左腿，身體右轉。右腳提起向右正西方向出步，腳跟先著地，然後全腳落平踏實。右腿屈膝，左腿微屈，右腿80％，左腿20％，重心偏於右腿。同時，左手臂外旋左掌劃弧下落，收於腹前，掌心朝上，臂呈弧形。右手臂內旋右掌向上向右劃弧，置於身體右側，掌心朝外，掌指朝上，臂呈弧形。眼平視右手方向。（圖38－155）

④重心移至右腳，身體左轉。左腳提起收至右腳內側，腳尖先著地，然後全腳落平踏實。兩腿屈膝，右腿60％，左腿40％，重心偏於右腿。同時，右手臂外旋右掌劃弧下落，收於腹前，掌心朝上，臂呈弧形。左手臂內旋左掌向上向左劃弧，置於身體左側，掌心朝外，臂呈弧形。眼平視左手方向。（圖38－156）

⑤重心移至左腿，身體右轉。右腳提起向右正西方向出步，腳跟先著地，然後全腳落平踏實。右腿屈膝，左腿微

圖38－155　　　　　　　圖38－156

屈，右腿80％，左腿20％，重心偏於右腿。同時，左手臂外旋左掌劃弧下落，收於腹前，掌心朝上，臂呈弧形。右手臂內旋右掌向上向右劃弧，置於身體右側，掌心朝外，掌指朝上，臂呈弧形。眼平視右手方向。（圖38－157）

　　⑥重心移至右腳，身體左轉。左腳提起收至右腳內側，腳尖先著地，然後全腳落平踏實。兩腿屈膝，右腿60％，左腿40％，重心偏於右腿。同時，右手臂外旋右掌劃弧下落，收於腹前，掌心朝上，臂呈弧形。左手臂內旋左掌向上向左劃弧，置於身體左側，掌心朝外，臂呈弧形。眼平視左手方向。（圖38－158）

　　⑦重心移至左腿，身體右轉。右腳提起向右正西方向出步，腳跟先著地，然後全腳落平踏實。右腿屈膝，左腿微屈，右腿80％，左腿20％，重心偏於右腿。同時，左手臂外旋左掌劃弧下落，收於腹前，掌心朝上，臂呈弧形。右手臂內旋右掌向上向右劃弧，置於身體右側，掌心朝外，掌指朝上，臂呈弧形。眼平視右手方向。（圖38－159）

圖38－157　　　　　　　　　圖38－158

⑧重心移至右腳，身體左轉。左腳提起收至右腳內側，腳尖先著地，然後全腳落平踏實。兩腿屈膝，右腿60％，左腿40％，重心偏於右腿。同時，右手臂外旋右掌劃弧下落，收於腹前，掌心朝上，臂呈弧形。左手臂內旋左掌向上向左劃弧，置於身體左側，掌心朝外，臂呈弧形。眼平視左手方向。（圖38－160）

圖38－159　　　　　　　　　圖38－160

第三十九式　按式

①重心移至左腿，身體右轉。右腳提起向右正西方向出步，腳尖先著地，然後全腳落平踏實，兩腿屈膝，重心在兩腿中間。同時，右手臂微內旋由腹前從左向上劃弧落於身體右前方。掌心朝左，掌指朝上，臂呈弧形。左掌微下落，掌心朝外，臂呈弧形。眼平視右手方向。（圖39－161）

②重心移至右腿，身體右轉。左腳提起跟至右腳內側偏前，腳尖著地，腳跟離地，兩腿屈膝，右腳90％，左腳10％，重心偏於右腿。同時，右手臂內旋屈肘下落，掌心朝下，臂呈弧形。左手臂外旋再內旋由左從上弧形向前下落，掌心朝右，臂呈弧形。眼平視前方。（圖39－162）

圖39－161

圖39－162

③重心移至右腿，身體微左轉。左腳提起向前上一小步，腳尖朝地，腳跟離地。兩腿屈膝下蹲，右腿90％，左腿10％，重心偏於右腿。同時，右手臂微外旋再內旋隨轉體向上向前由頭的右側劃一圓弧隨屈膝下落，掌心朝下，掌指朝

前，臂呈弧形。左手臂外旋下
落置於身體左側，掌心朝上，
臂呈弧形。眼平視前方。（圖
39－163）

第十八節　40.海底翻花
41.閃通臂

第四十式　海底翻花

圖39－163

　①重心移至右腿，身體右
轉。左腳提起向前上步，腳跟
先著地，然後全腳落平踏實。左腿屈膝，右腿伸直，左腿
80％，右腿20％，重心偏於左腿。同時，右手臂內旋上移屈
肘置於右前方，掌心朝外，臂呈弧形。左手臂微外旋屈肘上
移再把肘拉開使左掌前推，掌心朝右，掌指朝上。臂呈弧
形。眼平視左手方向。（圖40
－164）

　②重心右移，身體右轉。
左腳以腳跟爲軸內扣，重心在
兩腿中間。同時，左手臂外
旋，右手臂內旋，隨轉體兩掌
由上向身體右側弧形下落，左
掌掌心朝內，右掌掌心朝下，
臂呈弧形。眼平視右手方向。
（圖40－165）

　③重心移至左腿，身體微

圖40－164

左轉再右轉。左腳以腳跟爲軸
略內扣，右腳提起經左腿後側
向正西方向撤步，腳尖著地，
腳跟離地。兩腿屈膝，左腿
60％，右腿40％，重心偏於左
腿。同時，左手臂外旋，右手
臂內旋，兩掌下落向上向左擺
起，左掌掌心朝上，右掌掌心
朝內，臂呈弧形。（圖40－
166）

圖40－165

　④身體右轉，右腳以腳尖
爲軸左轉，然後全腳落平踏實。左腳以腳跟爲軸裡扣擺正。
左腿屈膝，右腿微屈，仍然是左腿60％，右腿40％，重心偏
於左腿。同時，兩手臂內旋由左向上向前弧形下落，兩掌掌
心均朝下，左掌在前，右手在後。臂呈弧形。眼平視左手方
向。（圖40－167）

圖40－166

圖40－167

⑤重心微右移，身體右轉。同時，右手臂外旋，左手臂內旋，兩掌向下向身體右側弧形上移。右掌掌心朝上，左掌掌心朝內，臂呈弧形。（圖40－168）

⑥重心移至右腿，身體左轉。左腳提起經右腿後側向後正西方向撤步，腳前掌著地，腳跟微離地。右腿屈膝，左腿微屈，右腿60％，左腿40％，重心偏於右腿。同時，兩手臂內旋由右向上向前弧形下落。兩掌掌心均朝下，右掌在前，左掌在後。臂呈弧形。眼平視右手方向。（圖40－169）

圖40－168　　　　　　圖40－169

第四十一式　閃通臂

①重心左移，身體左轉。左腳全腳落地，腳跟為軸微外擺。右腳以腳跟為軸裡扣。兩腿屈膝，左腿60％，右腿40％，重心偏於左腿。同時，左手臂外旋右手臂內旋，兩掌由右下落劃弧向左上擺。左掌掌心朝上，右掌掌心朝下。臂呈弧形。眼平視左手方向。（圖41－170）

②重心右移再左移，身體微右轉再左轉。左腳以腳跟為

軸外擺，左腿屈膝，右腿伸直，左腿80％，右腿20％，重心偏於左腿。同時，左手臂外旋再內旋，右手臂內旋再外旋，兩掌隨轉體由左向上向右下落，再向左前方推出，左掌掌心朝下，掌指朝右，屈肘橫於體前。右掌掌心朝前，掌指朝下，坐腕，臂呈弧形。眼平視前方。（圖41－171）

圖41－170 圖41－171

第十九節　42.雙換掌　43.右單鞭

第四十二式　雙換掌

①重心右移，身體右轉。左腳以腳跟為軸內扣，兩腿屈膝，重心在兩腿中間。同時，左手臂外旋掌心朝上向左再向右平擺，置於體前，掌心朝上，臂呈弧形。右手臂內旋向前再向右平擺，掌心朝下，臂呈弧形。（圖42－172）

②重心移至左腿，身體左轉。左腳以腳跟為軸外擺，右腳提起向前正西方向上步，腳尖著地，腳跟離地。兩腿屈膝，左腿70％，右腿30％，重心偏於左腿。同時，左手臂

內旋，右手臂外旋，兩掌隨上
步向前平擺，左掌掌心朝下置
於身體左前方，以肩同高，臂
呈弧形，右掌掌心朝上置於身
體左前方，與肩同高，臂呈弧
形。眼平視前方。（圖42－
173）

圖42－172

　　③重心移至左腿，身體右
轉。右腳提起向前正西方向邁
半步，腳跟先著地，然後全腳
落平踏實。左腿屈膝，右腿伸直，左腿80％，右腿20％，重
心偏於左腿。同時，左手臂外旋，掌心朝前掌指朝下向前推
出，臂呈弧形。右手臂內旋，掌心朝下，掌指朝左橫肘置於
體前，臂呈弧形。眼平視前方。（圖42－174）

圖42－173

圖42－174

第四十三式　右單鞭

　　①兩腳不動，身體微右轉。同時，右手臂外旋由上向右

劃弧下落，坐腕，掌心朝前，臂呈弧形。左手臂內旋由下向左劃弧上移，掌心朝右，臂呈弧形。眼平視前方。（圖43－175）

②重心左移，身體左轉。右腳以腳根為軸裡扣，左腳以腳根為軸外擺。兩腿屈膝，左腿65％，右腿35％，重心偏於左腿。同時，右手臂內旋下落經體前再上移置於左手臂外側，掌心朝外，臂呈弧形。左手臂隨轉體外旋下落，掌心朝內，臂呈弧形。眼平視前方。（圖43－176）

圖43－175　　　　　　　　圖43－176

③重心右移，身體右轉。右腳以腳跟為軸微外擺，兩腿屈膝。右腿55％，左腿45％，重心偏於右腿。同時，右手臂微外旋右掌向上劃弧經臉前向身體右下落，掌心斜朝下，臂呈弧形。左手臂內旋隨轉體下落，掌心朝下，臂呈弧形。眼平視前方。（圖43－177）

④重心左移，身體左轉。兩腿屈膝，左腿55％，右腿45％，重心略偏於左腿。同時，右手臂微外旋下落向左屈肘，左手臂內旋向左屈肘上移。兩手腕交叉，右掌在外，左

掌在內，掌心均朝外，臂呈弧
形。（圖43－178）

⑤重心右移，身體右轉。
右腳腳尖外擺。右腿屈膝，左
腿蹬直，右腿８０％，左腿
２０％，重心偏於右腿。同時，
右手臂微內旋隨轉身右移，掌
心朝外，臂呈弧形。左手臂微
內旋向左左移，坐腕，掌心朝
外，臂呈弧形。（圖４３－
179）

圖43－177

圖43－178

圖43－179

第二十節　44.玉女穿梭

第四十四式　玉女穿梭

①重心左移，身體左轉。兩腿屈膝，重心在兩腿中間。

同時左手微內旋隨轉體左移掌心朝左，臂呈弧形。右手臂隨轉體微左移。（圖44－180）

②重心移至右腿，身體右轉。左腳提起跟至右腳內側，腳尖著地。兩腿屈膝，右腿90％，左腿10％，重心偏於右腿。同時，左手臂微內旋隨跟步下落前移，置於右軸下方，掌心朝下，掌指朝右，臂呈弧形。右掌隨跟步微右移，臂呈弧形。（圖44－181）

圖44－180

圖44－181

③重心移至右腿，身體右轉。左腳提起向前方左側45度西南方向邁步，腳跟先著地，然後重心左移全腳落平踏實。左腿屈膝，右腿伸直，左腿80％，右腿20％，重心偏於左腿。同時，左手臂外旋經右臂外側上舉，置於前額前上方，掌心朝前偏上，臂呈弧形。右手臂微內旋向前推出，掌心朝左偏前，掌指朝上，臂呈弧形。（圖44－182）

④重心移至左腳，身體微左轉。右腳提起跟至左腳內側，腳尖朝地，腳跟離地。兩腿屈膝，左腿90％，右腿10％，重心偏於左腿。同時，左手臂外旋墜肘下落，左掌置

於左耳左側，掌心斜朝下，臂呈弧形。右掌隨轉體微右移，
掌形不變，臂呈弧形。（圖44－183）

圖44－182　　　　　　　　圖44－183

　⑤重心移至左腿，身體左轉。右腳提起向前45度西北方
向邁步，腳跟先朝地，然後重心右移全腳落平踏實。右腿屈
膝，左腿伸直，右腿90％，左腿10％，重心偏於右腿。同
時，右手臂外旋上移，置於前額前上方，掌心朝前偏上，臂
呈弧形。左手臂內旋由左耳側向前坐腕推出，掌心朝右偏
前，掌指朝上，臂呈弧形。（圖44－184）
　⑥重心移至右腿，左腳提起跟至右腳內側，腳前掌朝
地，腳跟離地。兩腿屈膝，右腿90％，左腿10％，重心偏於
右腿。同時，右手臂外旋向前下落，掌心朝斜下方。左掌隨
跟步屈肘微下落，臂呈弧形。（圖44－185）
　⑦重心移至右腿，身體左轉。左腳提起向後45度東南方
向撤步，腳尖先著地，然後全腳落平踏實。兩腿屈膝，右腿
55％，左腿45％，重心略偏於右腿。同時，兩手臂內旋隨撤
步下落，掌心朝下，臂呈弧形。（圖44－186）

圖44－184

圖44－185

圖44－186

圖44－187

⑧重心左移再右移，身體左轉。左腳以腳跟爲軸外擺。右腳以腳跟爲軸裡扣。兩腿屈膝，右腿55％，左腿45％，重心略偏於右腿。同時，左手臂外旋，右手臂內旋，兩掌隨轉體移至身體左側上擺，置於身體左側，左掌掌心朝上，高與肩平，臂呈弧形。右掌掌心朝下，置於左胸前下方，臂呈弧形。（圖44－187）

⑨重心移至左腿，身體微右轉。右腳提起向前上步，落

於左腳內側前方。腳前掌著地，腳跟離地。兩腿屈膝，左腿85％，右腿15％，重心偏於左腿。同時，兩手臂內旋，由身體左側向上劃弧向前下落，置於身體右前方，兩掌掌心均朝下偏前。臂呈弧形。（圖44－188）

⑩重心移至左腳，身體左轉。右腳提起向前45度東南方向出步，腳跟著地，腳尖上翹。左腿屈膝，右腿伸直，左腿85％，右腿15％，重心偏於左腿。同時，右手臂外旋微回收，掌心朝內，左手臂內旋隨轉體微左移，掌心朝下，臂呈弧形。（圖44－189）

圖44－188　　　　　　圖44－189

⑪重心右移，身體右轉。右腳落平踏實。右腿屈膝，左腿伸直，右腿80％，左腿20％，重心偏於右腿。同時，右手臂外旋上舉，置於前額前上方，掌心朝上偏前，臂呈弧形。左手臂內旋左掌坐腕向前推出，掌心朝前偏右，掌指朝上，臂呈弧形。（圖44－190）

⑫重心移至右腿。左腳提起跟至右腳內側，腳前掌著地，腳跟離地。兩腿屈膝，右腿90％，左腿10％，重心偏於

右腿。同時，右掌隨跟步微上推，左掌隨跟步微前推，臂形不變。（圖44－191）

圖44－190　　　　　　　　　圖44－191

⑬重心移至右腿，身體左轉，左腳提起向前45度東北方向邁步，腳跟著地，腳尖上翹。右腿屈膝，左腿伸直，右腿80％，左腿20％，重心偏於右腿。同時，右手臂外旋屈肘向右下落，右掌置於右耳右側，掌心朝前偏下，臂呈弧形。左手臂內旋微左移，掌心斜朝下，臂呈弧形。（圖44－192）

⑭重心左移，身體左轉。左腳落平踏實。左腿屈膝，右腿伸直，左腿80％，右腿20％，重心偏於左腿。同時，左手臂外旋上舉，置於前額前上方。掌心朝上偏前，臂呈弧

圖44－192

形。右手臂內旋，右掌坐腕，向前推出，掌心朝前偏右，掌指朝上，臂呈弧形。（圖44－193）

⑮重心移至左腿。右腳提起跟至左腳內側，腳前掌著地，腳跟離地。兩腿屈膝，左腿90％，右腿10％，重心偏於左腿。同時，左掌隨跟步微上推，右掌隨跟步微前推，臂形不變。眼平視前方。（圖44－194）

圖44－193

圖44－194

第二十一節　45.轉身指襠捶

第四十五式　轉身指襠捶

①重心移至左腿，身體右轉。右腳提起向左腳後側西北方向撤步，腳尖著地，腳跟離地。兩腿屈膝，左腿70％，右腿30％，重心偏於左腿。同時，右手臂內旋向右上移，掌心朝外，臂呈弧形。左手臂外旋向右下落，掌心朝下，臂呈弧形。（圖45－195）

②左腳以腳跟為軸，右腳以腳尖為軸，身體右轉。左腳

以腳尖著地，腳跟離地。兩腿屈膝，左腳70％，右腳30％，重心偏於左腳。同時，兩掌隨轉體微右移，兩掌掌心均朝下偏前。臂呈弧形。（圖45－196）

圖45－195

圖45－196

③重心移至左腳，身體微左轉再微右轉。右腳提起再向前45度落步，腳跟著地，腳尖上翹外擺。左腿屈膝，右腿伸直，左腿90％，右腿10％，重心偏於左腿。同時，兩手臂外旋兩掌下落再劃弧上移。右掌屈肘變拳置於右胸前下方，拳心朝內，臂呈弧形。左掌上移置於身體右側偏上，掌心朝前，臂呈弧形。（圖45－197）

圖45－197

④重心移至右腿，右腳腳尖落平踏實，身體右轉。左腳提起跟至右腳內側，腳尖著地，腳跟離地。兩腿屈膝，右

腿90％，左腿10％，重心偏於
右腿。同時，右手臂外旋微下
落變拳心朝上，掌心朝右偏下
臂呈弧形。左手臂內旋左掌向
前下落，臂呈弧形。（圖45－
198）

圖45－198

　⑤重心移至右腿，身體右
轉。左腳提起向前45度西南方
向出步，腳跟著地，腳尖離
地。右腿屈膝，左腿伸直，右
腿85％，左腿15％，重心偏於右腿。同時，左手臂微內旋下
落，掌心朝下，臂呈弧形。右拳微後移。（圖45－199）

　⑥重心左移，身體左轉。左腳腳尖落平踏實，左腿屈
膝，右腿伸直，左腿80％，右腿20％，重心偏於左腿。同
時，左手臂內旋，左掌向左下落，置於身體左側，坐腕，掌
心朝下，掌指朝前，肘微屈。右手臂內旋右拳向前衝出，拳
心朝左，臂呈弧形。眼平視前方。（圖45－200）

圖45－199

圖45－200

第二十二節　46.斜飛式　47.轉身下式
48.上步七星

第四十六式　斜飛式

①重心右移，身體右轉。兩腿屈膝，右腿60％，左腿40％，重心偏於右腿。同時，右手臂內旋右掌上移，掌心朝下，臂呈弧形。左手臂外旋左掌由身體左側上移，掌心朝上，與肩同高，臂呈弧形。（圖46－201）

②重心移至左腿，身體左轉。右腳提起跟至左腳內側，腳尖朝地，腳跟離地。兩腿屈膝。左腿90％，右腿10％，重心偏於左腿。同時，右手臂外旋右掌向右再向左下落收至腹前，掌心朝上，臂呈弧形。左手臂內旋屈肘左掌收於體前，掌心朝下，臂呈弧形。（圖46－202）

圖46－201

圖46－202

③重心移至左腿，身體右轉。右腳提起向東北方向邁步，腳跟先著地，然後全腳落平踏實。右腿屈膝，左腿伸

直，右腿80％，左腿20％，重心偏於右腿。同時，右掌由腹前向右上方分出，掌心斜朝上，臂呈弧形。左掌由體前向左分出，掌心朝下，臂呈弧形。（圖46－203）

第四十七式　轉身下式

①重心微左移，身體右轉。右腳以腳跟為軸外擺。右腿屈膝，左腿微屈。右腿75％，左腿25％，重心偏於右腿。同時，右手臂內旋屈肘右掌收於體前偏右。掌心朝下，臂呈弧形。左手臂外旋左掌向前上移，掌心朝上，臂呈弧形。眼平視前方。（圖47－204）

圖46－203　　　　　　　　圖47－204

②重心移至右腿，身體右轉。左腳提起跟至右腳內側，腳尖著地，腳跟離地。兩腿屈膝，右腿90％，左腿10％，重心偏於右腿。同時，左手臂微外旋屈肘上移，掌心朝內，臂呈弧形。右掌下落身體右側偏下，掌心朝下偏後，臂呈弧形。眼平視前方。（圖47－205）

③重心移至右腿，身體左轉。左腳提起向前正東方向出

腿鋪平。右腿屈膝下蹲，左腿伸直鋪平，右腿90％，左腿10％，重心偏於右腿。同時，右手臂外旋上穿再內旋後移，掌心朝後偏下，臂呈弧形。左手臂內旋下落再外旋前移，掌心朝右，臂呈弧形。眼平視前方略偏下。（圖47－206）

圖47－205

圖47－206

第四十八式　上步七星

　　重心移至左腿，身體左轉。左腳腳尖外移，身體上移，右腳提起向前左腳右側並步，全腳掌著地，重心在兩腿中間。同時，右手臂外旋收至右腰間變拳，拳心朝內向前衝出，拳心朝左，臂呈弧形。左手臂內旋上移屈肘收至右臂內側，掌心朝右，掌指朝上，臂呈弧形。眼平視前方。（圖48－207）

圖48－207

第二十三節　49.退步跨虎
50.擺蓮脚　51.彎弓射虎

第四十九式　退步跨虎

①兩脚不動，身體左轉。同時，右手臂內旋右拳變掌下落，再向左弧形上移，掌心朝外，臂呈弧形。左手臂微內旋下落，掌心朝內，臂呈弧形。眼平視前方。（圖49－208）

②兩脚不動，身體微右轉再左轉。同時，兩掌上動不停，右掌繼續上擺右手臂外旋從面前向右擺，掌心朝前偏下，臂呈弧形。左手臂外旋由下向身體左側上擺，掌心朝上，臂呈弧形。（圖49－209）

圖49－208　　　　　　　圖49－209

③重心左移，身體右轉，右脚提起向後正西方向撤步，脚尖先著地，然後全脚落平踏實，重心右移，兩腿屈膝，右腿65％，左腿35％，重心偏於右腿。同時，右手臂微內旋由前下落劃弧後擺，掌心斜朝下，臂呈弧形。左手臂外旋左掌

向右平擺，臂呈弧形。（圖49－210）

④重心移至右腿，身體左轉。左腳提起微回收落於右腳前方。腳尖著地，腳跟離地，兩腿屈膝，右腿70％，左腿30％，重心偏於右腿。同時，右手臂微外旋右掌變拳向前上方擺起，置於身體右前方，拳心朝左，臂呈弧形。左手臂內旋左掌下落回收，置於腹前，拳心朝下，臂呈弧形。眼平視前方。（圖49－211）

圖49－210　　　　　　　　圖49－211

第五十式　擺蓮腳

①重心左移，身體右轉。左腳落平踏實。兩腳屈膝，左腿60％，右腿40％，重心偏於左腿。同時，兩拳變掌，右手臂內旋，左手臂外旋，隨轉體右移兩掌掌心均朝下，臂呈弧形。眼平視右手方向。（圖50－212）

②重心左移再右移，身體左轉。兩腳屈膝，左腿60％，右腿40％，重心偏於左腿。同時，兩手臂內旋再外旋由右下落劃弧向左上擺。掌心朝下，臂呈弧形。（圖50－213）

圖50－212　　　　　　　圖50－213

③重心移至左腿，身體微右轉再左轉，右腿上舉右腳由左上舉向右劃弧擺起。重心全部在左腿上。同時，兩掌向右劃一小弧，然後向左拍擊右腳腳面，掌心均朝下偏前，臂呈弧形。眼平視前方。（圖50－214）

④上動不停，右腳落於左腳右側，身體微左轉。左腿屈膝，右腿微屈，左腿75％，右腿25％，重心偏於左腿。同時，兩掌微下落，臂呈弧形。眼平視前方。（圖50－215）

圖50－214　　　　　　　圖50－215

第五十一式　彎弓射虎

①重心右移，身體右轉。左腳以腳跟爲軸裡扣，右腳以腳跟爲軸外擺。右腿屈膝，左腿微屈，右腿80%，左腿20%，重心偏於右腿。同時，兩手臂外旋，兩掌下落弧形向右上擺兩手臂再內旋，兩掌變拳置於右臉前方。右拳拳心斜朝下，左拳拳心朝內，兩臂均呈弧形。（圖51－216）

②兩腳不動，左腿蹬直。重心不變。同時，左拳前移，拳心朝內。臂呈弧形。右拳後拉，置於右耳外側，拳心斜朝下，臂呈弧形。眼平視前方。（圖51－217）

圖51－216　　　　　　　圖51－217

第二十四節　52.雙抱捶
53.左懶扎衣　54.收式

第五十二式　雙抱捶

①重心左移，身體右轉。兩腿屈膝，右腿60%，左腿40%，重心偏於右腿。同時，右手臂外旋，左手臂內旋，兩

拳變掌右移，右掌掌心朝上，左掌掌心朝下，兩掌高與肩平，臂呈弧形。（圖52－218）

　②重心繼續左移，身體左轉。左腿屈膝，右腿伸直，左腿80％，右腿20％，重心偏於左腿。同時，右手臂內旋，兩掌由右隨轉體向左平移。右掌掌心朝上，左掌掌心朝下，臂呈弧形。（圖52－219）

圖52－218

圖52－219

　③重心右移，身體右轉。右腿屈膝，左腿伸直，右腿80％，左腿20％，重心偏於右腿。同時，兩手臂內旋，兩掌掌心朝內下落，再外旋由體前向上擺起，兩掌掌心相對，掌指朝前，與肩同高，臂呈弧形。（圖52－220）

　④重心左移，右腳腳尖上翹。左腿屈膝，右腿伸直，左腿85％，右腿15％，重心偏於左腿。同時，兩掌變拳，兩臂

圖52－220

屈肘回收，拳心相對，臂呈弧形。（圖52－221）

⑤重心移至右腿。左腳跟至右腳內側，腳前掌著地。兩腿屈膝，右腿90％，左腿10％，，重心偏於右腿。同時，兩拳向前正西方向衝出。拳心相對，臂呈弧形，兩拳距離約20公分。眼平視前方。（圖52－222）

圖52－221

圖52－222

第五十三式　左懶扎衣

①重心移至右腳，身體左轉。左腳提起向東南方向撤步，腳尖先著地，然後全腳落平踏實。右腿屈膝，左腿伸直，重心偏於右腿。同時，右手臂內旋再外旋，向右上移。掌心斜朝上，臂呈弧形。左手臂內旋自然下落。掌心朝內偏下，臂呈弧形。眼平視右手方向。（圖53－223）

圖52－223

②重心左移，身體左轉。右腳以腳跟為軸裡扣，左腳以腳跟為軸外擺。左腿屈膝，右腿伸直，左腿80％，右腿20％，重心偏於左腿。同時，右手臂微內旋隨轉體向左平移，掌心朝左偏上，掌指朝前偏上，臂呈弧形。左掌自然下移，置於腹部左前方，掌心朝內，掌指朝右偏下45度，臂呈弧形。眼平視右手方向。（圖53－224）

③重心右移，身體微右轉。左腳腳尖上翹，右腿屈膝，左腿伸直，右腿90％，左腿10％，重心偏於右腿。同時，左手臂外旋屈肘上舉，掌心朝右，掌指偏前，臂呈弧形。右手臂微內旋屈肘收回，置於右胸前，掌心朝前偏下45度，掌指朝上偏前45度，臂呈弧形。眼平視左手方向。（圖53－225）

圖53－224　　　　　　　　　　圖53－225

④重心左移，左腳腳尖落平踏實。左腿屈膝，右腿蹬直，左腿80％，右腿20％，重心偏於左腿。同時，兩掌坐腕，手型不變。（圖53－226）

⑤重心移至右腿。右腳提起跟至左腳內側，腳尖著地，

腳跟離地。兩腿屈膝，左腿90％，右腿10％，重心偏於左腿。同時，右手臂微內旋隨跟步向前，坐腕，掌心朝前偏左，掌指朝上，臂呈弧形。左手臂微內旋隨右腳跟步前移，掌心朝前偏右，掌指朝上，臂呈弧形。眼平視前方。（圖53－227）

圖53－226　　　　　　　圖53－227

第五十四式　收　式

　①重心移至左腿，身體右轉。右腳提起向後西北方向撤步，腳尖先著地然後全腳落平踏實。右腿屈膝，左腿伸直。右腿80％，左腿20％，重心偏於右腿。同時，左手臂外旋向右平移，高與眉齊。掌心朝上，臂呈弧形。右手臂外旋右掌自然下落，掌心朝上，臂呈弧形。（圖54－228）

圖54－228

②重心移至右腿，身體左轉。左腳提起向後東北方向撤步，腳尖先著地然後全腳落平踏實。左腿屈膝，右腿伸直。左腿80％，右腿20％，重心偏於左腿。同時，右手臂微外旋由右向上舉再向左平移，高與眉齊。掌心朝上，臂呈弧形。左手臂內旋左掌自然下落，掌心朝內，臂呈弧形。（圖54－229）

③重心移至左腿，身體右轉。右腳提起收至左腳右側，腳前掌著地，腳跟離地。左腿屈膝，右腿伸直。左腿85％，右腿15％，重心偏於左腿。同時，右手臂內旋右掌自然下落，掌心朝內，臂呈弧形。左手臂外旋由身體左側上舉，掌心朝前，臂呈弧形。（圖54－230）

圖54－229　　　　　圖54－230

④重心右移，身體右轉擺正。右腳落平踏實，兩腿屈膝，重心在兩腿中間。同時，右手臂外旋由右上移至與肩齊再向左平移，掌心朝左，肘微屈。左掌向右平移，掌心朝右，高與肩平，肘微屈。兩掌心相對，距離與肩同寬。眼平視前方。（圖54－231）

圖54－231　　　　　　　圖54－232

⑤兩腿直立，兩手臂下落自然下垂，置於身體兩側，掌心朝內。重心移至右腿，左腳提起收至右腳左側，兩腿直立。眼平視前方。（圖54－232）

六、武式太極拳五十四式動作線路圖

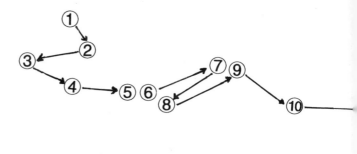

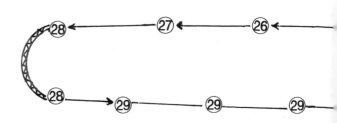

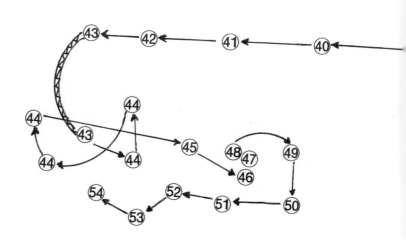

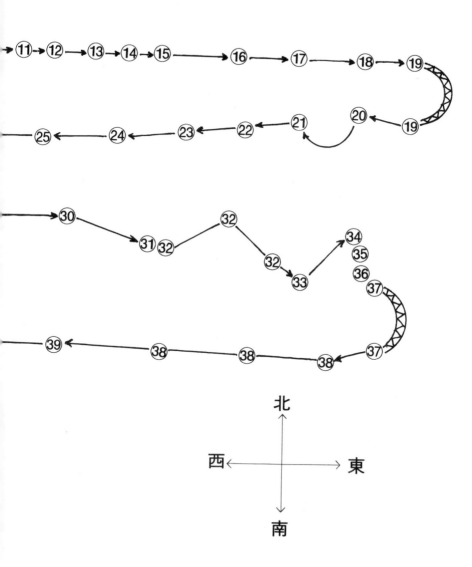

北

西 ← → 東

南

七、薛乃印簡傳

叢人・聞樂

薛乃印，1954年出生於遼寧省撫順市。父親薛巨昌十六歲從山東省距野縣來到撫順投奔其二姐夫單耀庭。取妻黃素琴。薛乃印是他們的長子。單耀庭乃武術世家，每天早晚教他的四個兒子和徒弟們練習少林拳。薛乃印小的時候經常隨他的四表哥到練功場去玩，使他在幼小的心靈上對武術產生了濃厚的興趣。

1961年，薛乃印開始跟他的四表哥單世奉學習少林基本功。從此，每天晚上在四表哥的指導下練習踢腿、擺蓮、彎腰、下叉。馬步直蹲到大汗淋漓，旋風腳一練就是上百次，練到累得不能再練了，才一瘸一拐的走回家去。一年後，學習少林拳、少林刀、少林槍及九節鞭等套路，特別是九節鞭，開始時他掌握不好鞭法，掄起來不是打在頭上，就是打在腿上。可是他忍住疼痛，直練到得心應手方肯罷休。在他認真刻苦的努力下，九節鞭練的乾淨俐落，素有薛一鞭之美稱。為今後的武術昇華打下了堅實的基礎。

1964年，在四表哥的引薦下，薛乃印拜形意拳大家揭子株老師學習形意拳。在眾師兄弟之中，數他的年齡最小。但練起拳來他每天是來的最早，而離去的是最晚。在揭老師傳授每一個新的動作時，他總是專注的，一絲不苟的反覆練習。因此得到了揭老師的格

外偏愛，時常對他進行單兵教練。薛乃印也不負恩師所望，練拳時從不偷懶。劈、崩、鑽、炮、橫一練就是幾十遍，甚至上百遍。三體式一站就是個把小時，三年時間學習了五形拳、五形連環拳、雜式錘、安身炮、十二形和六合拳等套路。

1967年，薛乃印進入了中學，隨著年齡的增長，他對武術更加追求和熱愛，揭老師為了提高他的實戰技術，把拳套中的每個招式裁開來練，講解每個動作的應用。還親自為他喂招，傳授形意六合拳一馬三箭的用法。以及沾黏連隨在形意拳的妙用。就這樣寒來暑往，一晃四個年頭過去了，在揭老師的精心培育下，形意拳被他演練的虎虎生風，拳藝大進。

1969年，揭老師帶領薛乃印及眾弟子去溫道參加觀摩表演，這次表演地點設在中心小學的球場上。鄉親們聞訊，大人小孩都聚集在這裡，足有三、四百人，把個大球場圍個水泄不通。人們像是看打擂台個個興致勃勃。雙方的老師按約定的時間，人馬到齊後，表演就開始了。雙方學員輪流上場，有徒手練拳的，有持刀使棍練劍的。什麼風翅鎧、鱗角刀、盤根刀等奇門兵器也出場了。還有五門刀、翼得十二槍、天罡劍、三合連環棍等等。最後的壓軸戲是薛乃印對另一方的王永生的散手對練。

先說薛乃印，他首先選擇中門位置，練了一套五形連環拳。然後伺機以待，專等對方放馬過來。王永生善用查拳直拳、勾手、燕子抄水幾招過後，就用插

掌直逼他上三路過來。意在試探他的虛實，破壞他的
防守姿態，以便重拳出擊。這時他以炮拳架開對方來
掌，直奔對方中路打去。兩人真是勢均力敵，彼此之
間有攻有防，在場觀眾看得目瞪口呆。

場上的兩個人是越戰越勇，不能說是白熱化，也
是有點火藥味了，圍觀的人瞪圓雙眼，捏緊拳頭，手
心也冒出汗來。突然，王永生一記勾拳向他的下顎襲
來，他用形意拳的橫拳格開對方的勾手，使出一馬三
箭的招式，連消帶打，見招接招，快速猛烈，使得王
永生只有招架之功，沒有還手之力。這時雙方老師同
時做出鳴金收兵的手勢。兩人互相抱拳行禮，表演到
此圓滿結束。

通過這些交流活動，薛乃印的視野開闊了，要想
立於不敗之地，就需要博採眾長，在練好本門的同
時，要多學其它門派的技術，虛心求教，充實自己，
知己知彼才能有把握戰勝對手。從此，他又學習了華
拳、查拳、大洪拳、八極拳、螳螂拳和戳腳翻子拳。
這一時期是他練武的興盛時期。

1970年，薛乃印的師兄岳正杰、張平安跟瀋陽的
韓快手學習武式太極拳，韓快手是武式太極拳第三代
傳人郝為貞的學生言志篤的徒弟，因為他經常的與人
交手過招，手法敏捷迅速，人稱韓快手得名。

薛乃印沒有跟韓學習，只是在他師兄練習時跟著
照葫蘆劃瓢的練習。這是他第一次接觸武式太極拳，
從此和武式拳結下了不解之緣。這一年，他也跟師兄

岳正杰學習了摔跤。

1971年，薛乃印上山下鄉擔任青年點點長，仍然堅持練功不止。有一次，他去公社糧庫買豆油，返回的途中，在一道山嶺上，被兩個手持木棒的兩名歹徒擋住了去路。他很冷靜的問兩名歹徒要幹什麼。其中一人說：「幹什麼，聽說你是武林高手，我們想領教領教。如果你輸了，將豆油留下，就當是你的見面禮，放你一馬。」正說著，另一名歹徒舉起手中木棒直奔他太陽穴打來。說時遲那時快，當木棒就要接近他頭部的時候，他一縮頭閃過木棒，一個鑽心拳打在這名歹徒的心口窩上，隨後跟前一步，一個側踹，把這名歹徒蹬到山坡旁邊爬不起來。另一名歹徒見勢不好，趕緊求饒扶起同伴一起逃掉。

1973年，薛乃印在三塊石鴿子洞巧遇中年道士。中年道士驗證他的形意功夫後說：「你的功夫只能起到防身的作用，要想有所發展，還需加強指力和內功的修練。」語音未落，道士回手一掌擊在身後的大樹上，往回一帶，即刻一張樹皮抓在手中。薛乃印看罷立刻請道士賜教。道士為他約法三章，傳授他內氣混元功、大力金鋼指功夫。為他將來內功的昇華奠定了基礎。

1975年，薛乃印返回撫順市分配在市土產日雜公司工作。回城的第一件事就是去拜見師父揭子珠。從此，他每天除了工作就長在師父家中和練功場地。與揭師新收的徒弟田雲峰、張殿微、劉奇在一起對練，

並結拜為兄弟。這個時期揭老師又傳授他五門刀、小蘭槍、六合大槍等套路。他又做了一把重三公斤的鐵刀來練習纏頭裹腦，各種刀法增加功力。為了儘快掌握槍法，他練習攔拿札槍一次就是上百遍。練習散手時，常常用一馬三箭的招式取勝於人。

這一年，薛乃印開始收學生，傳授武術基本功及少林拳。

1976年，由於揭老師隨兒子工作調動遷居於河南省洛陽市。分別前贈送薛乃印龍泉古劍一把，並傳授他形意四把劍秘訣。在揭老師的推薦下拜八卦掌大家段得貴為師，學習八卦掌，進門時，與段師八位弟子分別推手較技以驗證他的功夫，結交袁大俠袁濱義結金蘭。

1977年，薛乃印練習硬氣功，每天早晨用自行車載紅磚天不亮就來到練功場，練習頭開磚、手劈磚十四塊。再同曲文魁、曲文閣、陳得明練習鐵臂功、肩靠、背靠、臀靠、胯靠等功夫。最後進行散打和太極散手的訓練。

1978年，薛乃印學習了老八掌、龍形八卦掌、游身八卦劍、子午鴛鴦鉞、八卦雙頭槍等套路。又同師大爺崔占得學習了春秋大刀，同師叔杜永長學習了鷹拳的精華。

1979年，薛乃印與石城鄉結婚。開始他們的獨立生活，他們把房間布置的像個演武廳，兵器架林立著長槍、大刀、齊眉棍，牆上掛著單刀、雙刀、單劍、

雙劍、手梢子、九節鞭、子午鴛鴦鉞、雙匕首、三節棍等兵器，門前還吊個大沙袋，地上擺放著鐵球、鐵鎖和沙球。仍然每天練功不止。

1980年，薛乃印的女兒薛嬌出生，而他這一年為增強內外功夫，每天用三節棍由輕到重的拍打全身三百次。再練習拋鐵鎖、抓鐵球等功夫。在單位辭去讓人眼熱的人事員工作，去當苦力送貨員。送完貨沒事節約下時間可以找個地方練拳，八卦掌轉圈每次就練一百圈，然後再練習套路。每天練功都在六個小時以上。一次，薛乃印去段老師家，正遇上段師在演練一根竹竿，那嫻熟的竿法，加之身法的配合，形似猿猴，變如鷹翻，身竿合一，這就是八卦掌的秘傳七星竿。從此，他每周來段師家中秘密學習這套武林罕見的八卦七星竿。

1981年，薛乃印對太極拳產生了濃厚的興趣，每天和袁濱一起練習武式太極拳。拜訪了袁濱的老師趙太極，又學習了趙太極練的武式太極拳。在東洲成立了天一武術班，利用晚上傳授武術功夫。

1982年，薛乃印通過切磋推手和散手，結交通臂拳高手王繼先，成為知己好友，經常在一起研究散手技術，並學習了五形通臂拳。去清源縣訪八卦掌高手劉永順切磋推手，又學得雲磨掌。

1983年，薛乃印受聘於石油二廣子弟中學和市十三中學任武術教練。培養出一批又一批武術新苗。在市里比賽中奪得數枚獎牌，為學校增得榮譽。

　　1984年，薛乃印正式開山收徒入室弟子五名。使他們在省市的武術比賽中多次獲獎。

　　1985年，薛乃印借當採購員的機會開始雲遊全國，北至哈爾濱公園，南至上海外灘，東至青島嶗山，西至四川峨嵋山。拜名師、訪高手驗證自己的武功，虛心學習別家長處，取長補短，充實自己。

　　1986年，薛乃印三進永年，拜武式太極拳第五代傳人喬松茂為師，學習武式太極拳三年。

　　1989年，薛乃印專修武式拳，日練拳三十遍。每個動作默識揣摩，體會它的內在功能與外在的形體。使他的太極拳功夫突飛猛進。真正體會到太極拳的妙處所在，越練越感到學問越深，越練感到拳理越明。每天都有新的收穫。

　　1992年，薛乃印被立為武式太極拳第六代掌門傳人，在撫順成立了武式太極拳研究會親任會長。發展會員四千餘人。辭去工作，專職傳播武式太極拳。並代表武式拳門派參加首屆國際太極拳年會。訪問趙堡太極拳協會。

　　1993年，薛乃印在全國太極拳名家交流聯誼會被評為全國十大太極拳名家。中央電視台體育大世界以太極傳人薛乃印為題進行了專題報導。學生單長燕榮獲國際武術文化擂台賽擂主。由北京體育學院出版社出版了（武式太極拳正宗）一書。日本、美國、西班牙學生到撫順拜師學藝。代表武式拳門派參加第二屆國際太極拳年會和國際太極拳聯誼會。

　　1994年，薛乃印率弟子二十四人參加陳家溝國際
太極拳錦標賽獲二金、三銀、三銅的好成績。他在第
三屆國際太極拳年會上被審定為國際太極拳名師。他
的名字被中國民間名人錄和當代武林人物誌收入。

　　1995年，薛乃印任遼寧省太極拳主席，舉辦兩屆
省級教練員培訓班，及首屆遼寧省民間太極拳、劍、
推手邀請賽。參加中國武式太極拳競賽套路的編排任
副主編，出版太極魂雜誌。在首屆全國社會武術工作
會議上做經驗介紹。

　　1996年，正當薛乃印的名子在中國武林界如日中
天的時候，他想到把武式拳傳播到海外，移民到紐西
蘭，四個西洋人找他推手較技，他如期的在一個社團
與他們見面。三男一女，馬科斯、帕森和倫斯，女士
是馬科斯的太太。馬科斯被他推得不是撞到牆上，就
是倒在地上。輕而易舉的被他戰敗。同年，創辦紐西
蘭武術太極拳聯盟，被推選為首任主席。

　　1997年，薛乃印應紐西蘭武術總會邀請訪問首都
威靈頓，進行表演講座，技精四座。應日本空手道七
段高手飯田一君挑戰，在博物館門前的草地上，兩人
拉開架式，他以靜制動躲過飯田一君的駕鴦腿的第一
腿，在對方第二腿剛抬起，還沒發盡時，他以順勢上
步一招野馬分鬃勝了第一局。接著又以擒拿手法，太
極招數閃通臂把對方摔在草地上大獲全勝。同年和石
城鄉離婚。

　　1998年，薛乃印在奧克蘭語言中心學習英文，撰

寫太極理論文章發表在紐西蘭中文報紙的『新報』上。武式太極明珠薛乃印的故事一書在台灣出版發行。收入室弟子兩名。籌建武式太極拳世界聯盟。

　　1999年，薛乃印攝制武式太極拳中級套路、高級套路、武式太極劍、太極大杆子、太極推手、八卦掌、八卦七星竿等教學錄影帶。太極拳理論文集在台灣出版發行。在紐西蘭奧克蘭、威靈頓、哈密爾頓進行循迴演講，在奧克蘭設推手擂台，連戰五人無敵手。訪問奧大利亞、台灣、日本、英國、義大利、奧地利、波蘭、德國、荷蘭、比利時、美國演講傳播武式太極拳。美國『天天日報』連載他的遊記「遨遊十國傳太極」。

　　　　　摘自──武式太極明珠──薛乃印的故事

品冠文化出版社　　郵政劃撥帳號：
19346241

●主婦の友社授權中文全球版

女醫師系列

①子宮內膜症
國府田清子／著　　　定價 200 元

②子宮肌瘤
黑島淳子／著　　　定價 200 元

③上班女性的壓力症候群
池下育子／著　　　定價 200 元

④漏尿、尿失禁
中田真木／著　　　定價 200 元

⑤高齡生產
大鷹美子／著　　　定價 200 元

⑥子宮癌
上坊敏子／著　　　定價 200 元

⑦避孕
早乙女智子／著　　　定價 200 元

⑧不孕症
中村はるね／著　　　定價 200 元

⑨生理痛與生理不順
堀口雅子／著　　　定價 200 元

⑩更年期
野末悅子／著　　　定價 200 元

品冠文化出版社　　郵政劃撥帳號：
19346241

大展出版社有限公司
品冠文化出版社

圖書目錄

地址：台北市北投區(石牌)　電話：(02)28236031
　　　致遠一路二段12巷1號　　　　　28236033
郵撥：0166955～1　　　　　傳真：(02)28272069

1

26.	華佗五禽劍	劉時榮著	180元
27.	太極拳基礎講座：基本功與簡化24式	李德印著	250元
28.	武式太極拳精華	薛乃印著	200元
29.	陳式太極拳拳理闡微	馬 虹著	350元
30.	陳式太極拳體用全書	馬 虹著	400元

・原地太極拳系列・電腦編號11

1.	原地綜合太極拳24式	胡啟賢創編	200元
2.	原地活步太極拳42式	胡啟賢創編	200元
3.	原地簡化太極拳24式	胡啟賢創編	200元
4.	原地太極拳12式	胡啟賢創編	200元

・道 學 文 化・電腦編號12

1.	道在養生：道教長壽術	郝 勤等著	250元
2.	龍虎丹道：道教內丹術	郝 勤等著	300元
3.	天上人間：道教神仙譜系	黃德海著	250元
4.	步罡踏斗：道教祭禮儀典	張澤洪著	250元
5.	道醫窺秘：道教醫學康復術	王慶餘等著	250元
6.	勸善成仙：道教生命倫理	李 剛著	250元
7.	洞天福地：道教宮觀勝境	沙銘壽著	250元
8.	青詞碧簫：道教文學藝術	楊光文等著	250元
9.	：道教格言精粹	朱耕發等著	250元

・秘傳占卜系列・電腦編號14

1.	手相術	淺野八郎著	180元
2.	人相術	淺野八郎著	180元
3.	西洋占星術	淺野八郎著	180元
4.	中國神奇占卜	淺野八郎著	150元
5.	夢判斷	淺野八郎著	150元
6.	前世、來世占卜	淺野八郎著	150元
7.	法國式血型學	淺野八郎著	150元
8.	靈感、符咒學	淺野八郎著	150元
9.	紙牌占卜學	淺野八郎著	150元
10.	ESP超能力占卜	淺野八郎著	150元
11.	猶太數的秘術	淺野八郎著	150元
12.	新心理測驗	淺野八郎著	160元
13.	塔羅牌預言秘法	淺野八郎著	200元

·趣味心理講座· 電腦編號 15

·婦 幼 天 地· 電腦編號 16

・青春天地・電腦編號 17

·健康天地· 電腦編號 18

・實用女性學講座・ 電腦編號 19

·超現實心理講座· 電腦編號 22

·養生保健· 電腦編號 23

2.	中國氣功圖譜	余功保著	250元
3.	少林醫療氣功精粹	井玉蘭著	250元
4.	龍形實用氣功	吳大才等著	220元
5.	魚戲增視強身氣功	宮 嬰著	220元
6.	嚴新氣功	前新培金著	250元
7.	道家玄牝氣功	張 章著	200元
8.	仙家秘傳祛病功	李遠國著	160元
9.	少林十大健身功	秦慶豐著	180元
10.	中國自控氣功	張明武著	250元
11.	醫療防癌氣功	黃孝寬著	250元
12.	醫療強身氣功	黃孝寬著	250元
13.	醫療點穴氣功	黃孝寬著	250元
14.	中國八卦如意功	趙維漢著	180元
15.	正宗馬禮堂養氣功	馬禮堂著	420元
16.	秘傳道家筋經內丹功	王慶餘著	280元
17.	三元開慧功	辛桂林著	250元
18.	防癌治癌新氣功	郭 林著	180元
19.	禪定與佛家氣功修煉	劉天君著	200元
20.	顛倒之術	梅自強著	360元
21.	簡明氣功辭典	吳家駿編	360元
22.	八卦三合功	張全亮著	230元
23.	朱砂掌健身養生功	楊永著	250元
24.	抗老功	陳九鶴著	230元
25.	意氣按穴排濁自療法	黃啟運編著	250元
26.	陳式太極拳養生功	陳正雷著	200元
27.	健身祛病小功法	王培生著	200元
28.	張式太極混元功	張春銘著	250元
29.	中國璇密功	羅琴編著	250元
30.	中國少林禪密功	齊飛龍著	200元

・社會人智囊・ 電腦編號 24

1.	糾紛談判術	清水增三著	160元
2.	創造關鍵術	淺野八郎著	150元
3.	觀人術	淺野八郎著	200元
4.	應急詭辯術	廖英迪編著	160元
5.	天才家學習術	木原武一著	160元
6.	貓型狗式鑑人術	淺野八郎著	180元
7.	逆轉運掌握術	淺野八郎著	180元
8.	人際圓融術	澀谷昌三著	160元
9.	解讀人心術	淺野八郎著	180元
10.	與上司水乳交融術	秋元隆司著	180元
11.	男女心態定律	小田晉著	180元
12.	幽默說話術	林振輝編著	200元

·精選系列· 電腦編號 25

1.	毛澤東與鄧小平	渡邊利夫等著	280元
2.	中國大崩裂	江戶介雄著	180元
3.	台灣·亞洲奇蹟	上村幸治著	220元
4.	7-ELEVEN高盈收策略	國友隆一著	180元
5.	台灣獨立（新·中國日本戰爭一）	森詠著	200元
6.	迷失中國的末路	江戶雄介著	220元
7.	2000年5月全世界毀滅	紫藤甲子男著	180元
8.	失去鄧小平的中國	小島朋之著	220元
9.	世界史爭議性異人傳	桐生操著	200元
10.	淨化心靈享人生	松濤弘道著	220元
11.	人生心情診斷	賴藤和寬著	220元
12.	中美大決戰	檜山良昭著	220元
13.	黃昏帝國美國	莊雯琳譯	220元
14.	兩岸衝突（新·中國日本戰爭二）	森詠著	220元
15.	封鎖台灣（新·中國日本戰爭三）	森詠著	220元
16.	中國分裂（新·中國日本戰爭四）	森詠著	220元
17.	由女變男的我	虎井正衛著	200元
18.	佛學的安心立命	松濤弘道著	220元
19.	世界喪禮大觀	松濤弘道著	280元
20.	中國內戰（新·中國日本戰爭五）	森詠著	220元
21.	台灣內亂（新·中國日本戰爭六）	森詠著	220元
22.	琉球戰爭①（新·中國日本戰爭七）	森詠著	220元
23.	琉球戰爭②（新·中國日本戰爭八）	森詠著	220元

·運動遊戲· 電腦編號 26

1.	雙人運動	李玉瓊譯	160元
2.	愉快的跳繩運動	廖玉山譯	180元
3.	運動會項目精選	王佑京譯	150元
4.	肋木運動	廖玉山譯	150元
5.	測力運動	王佑宗譯	150元
6.	游泳入門	唐桂萍編著	200元
7.	帆板衝浪	王勝利譯	300元

·休閒娛樂· 電腦編號 27

1.	海水魚飼養法	田中智浩著	300元
2.	金魚飼養法	曾雪玫譯	250元
3.	熱門海水魚	毛利匡明著	480元
4.	愛犬的教養與訓練	池田好雄著	250元
5.	狗教養與疾病	杉浦哲著	220元

國家圖書館出版品預行編目資料

武式太極拳精華/薛乃印著
——初版，——臺北市，大展，2000〔民89〕
面；21公分，——（武術特輯；28）
ISBN 957-468-013-4（平裝）

1.太極拳
528.972 89007974

武式太極拳精華

ISBN 957-468-013-4

著　　者/ 薛　乃　印
發 行 人/ 蔡　森　明
出 版 者/ 大展出版社有限公司
社　　址/ 台北市北投區（石牌）致遠一路2段12巷1號
電　　話/（02）28236031・28236033・28233123
傳　　真/（02）28272069
郵政劃撥/ 01669551
E - mail / dah－jaan＠ms 9.tisnet.net.tw
登 記 證/ 局版臺業字第2171號
承 印 者/ 國順文具印刷行
裝　　訂/ 嶸興裝訂有限公司
排 版 者/ 弘益電腦排版有限公司
初版1刷/ 2000年（民89年）7月

定　價/ 200元

大展好書 ✕ 好書大展